Daniel Fitterer

Systemrisiko und Erfolgsverpflichtung im Baurecht

Praxis und Theorie des Bau- und Immobilienrechts

HUMBOLDT-UNIVERSITÄT ZU BERLIN

Daniel Fitterer

Systemrisiko und Erfolgsverpflichtung im Baurecht

4

DER JURISTISCHE VERLAG
lexxion
BERLIN

Rainer Schröder (Hrsg.)

Bibliografische Informationen der Deutschen Bibliothek

Die Deutsche Bibliothek verzeichnet diese Publikation in der Deutschen Nationalbibliografie; detaillierte bibliografische Daten sind im Internet über http://dnb.ddb.de abrufbar.

ISBN 13: 978-3-93 62 32-86-8
ISBN 10: 3-93 62 32-86-5

www.lexxion.de
Umschlagentwurf: Christiane Tozman
Satz: red green design ute bogun

Vorwort

Diese Arbeit lag der juristischen Fakultät der Humboldt Universität zu Berlin im Sommersemester 2006 als Dissertation vor. Literatur und Rechtsprechung konnten bis Mitte 2006 berücksichtigt werden.

Mein besonderer Dank gilt Herrn Prof. Dr. Rainer Schröder, der die Arbeit betreute und mich stets mit seinem fachlichen Rat unterstützte. Ebenfalls Dank sagen möchte ich Herrn Prof. Dr. Eberhard Schwark, der die Mühen der Zweitkorrektur auf sich genommen hat.

Schließlich möchte ich mich auch bei all jenen bedanken, die mich anderweitig bei der Entstehung der Arbeit unterstützt haben.

Heidelberg, im September 2006
Daniel Fitterer

Inhaltsverzeichnis

1. Kapitel: Einleitung

„Nicht nur im Leben, sondern auch im Baugrund ist vieles dunkel. Auftraggeber wie Auftragnehmer sind geneigt, immer den anderen das Risiko des Tappens im Dunkeln tragen zu lassen"[1].

Dem Baugrund kommt für jedes Bauvorhaben eine hervorgehobene Bedeutung zu, denn das Arbeiten mit dem Baugrund beinhaltet besondere Risiken. Der Baugrund ist ein von der „Natur vorgegebener Werkstoff"[2] und als solcher mit naturgegebenen Unwägbarkeiten behaftet. Deshalb lassen sich die Auswirkungen des Bodens auf die konkrete Bauausführung auch niemals sicher prognostizieren, so dass bei allen Arbeiten am und mit dem Baugrund ein beachtliches Restrisiko verbleibt. So zählen Bodeneinbrüche, Überschwemmungen, Verschlammungen und Verformungen des Bauwerks zu den häufigsten Schäden am Bau[3]. Damit sind Arbeiten am und mit dem Baugrund inklusive der anstehenden Grundwasserverhältnisse besonders schadensträchtig. Das Risiko aus Grund und Boden wird hiernach als eines der schwierigsten und problematischsten im gesamten Baugeschehen angesehen[4].

Vergegenwärtigt man sich weiter, dass technische Bauprobleme im Zusammenhang mit dem Baugrund zumeist zu einer erheblichen Verteuerung des Bauvorhabens führen[5], so wird das Eingangszitat plausibel. Sowohl der Auftraggeber, der regelmäßig den Baugrund zur Ermöglichung der Bauproduktion zur Verfügung stellt, als auch der Auftragnehmer, der Baugrundarbeiten zu bewältigen hat, will in der täglichen Baupraxis trotz der eigenen Berührungspunkte zum Baugrund zumeist nichts mit den damit verbundenen Risiken zu tun haben.

Vor diesem Hintergrund nimmt nicht Wunder, dass Rechtsfragen im Zusammenhang mit dem Baugrund auch die privatbaurechtliche Rechtsprechung und Literatur seit geraumer Zeit beschäftigen.

---

1 *Kapellmann*, FS Bauer, 1993, S. 385.

2 *Katzenbach*, Mitteilungen TU Darmstadt, 34/1995, S. 149.

3 *Rizkalla/Harder/Jebe/Vogel*, Schadensstatistik, 1991, S. 179.

4 *Rehm*, Bauwesenversicherung, 1989, S. 43.

5 Vgl. *Englert*, BauR 1996, 763.

A. Einführung in die Problemstellung

Die vorliegende Arbeit befasst sich mit der Thematik „**Systemrisiko**" und befindet sich an der Schnittstelle zwischen Technik und Recht. Der Begriff „Systemrisiko" stellt keinen feststehenden Rechtsbegriff des privaten Baurechts dar, so dass die damit umrissene Problemstellung zunächst einer Erläuterung bedarf.

Betrachtet man sich die Literatur zum privaten Baurecht, die sich mit der Fragestellung der **Risikotragung für den Baugrund** befasst, so stößt man schnell und häufig auf den Begriff des „Baugrundrisikos". Bei dieser Thematik geht es darum, welchem der Baubeteiligten in Ansehung der nur begrenzten Erkundungsmöglichkeiten des Baugrundes das Risiko eines abweichenden Bodenaufbaus gegenüber dem erwarteten bzw. dem vertraglich vorausgesetzten aufzuerlegen ist[6]. In einem dem Bauvertrag zugrunde liegenden Bodengutachten findet sich etwa die Beschreibung, der Boden bestehe aus einem Gemisch von Sand und Kies[7], tatsächlich findet der Auftragnehmer jedoch teilweise Fels[8] vor.

Zu dem Begriff des „Baugrundrisikos" hat sich in jüngster Zeit in der Literatur[9] und in der Rechtsprechung[10] ein weiterer hinzugesellt, derjenige des „Systemrisikos". Der Begriff „Systemrisiko" und die damit umschriebenen Fragestellungen gehen auf zwei Aufsätze *Englerts*[11] aus dem Jahr 1996 zurück. Die Problemstellung ist daher eine noch junge Erscheinung in der privatbaurechtlichen Literatur und insgesamt noch weitgehend unerforscht. *Englert* umschreibt mit diesem Begriff die Fragestellung, welchem der Baubeteiligten vor dem Hintergrund der nur begrenzten bodenmechanischen Vorausberechenbarkeit des Baugrundes das Risiko **unvermeidbarer** und technisch **nicht beherrschbarer** schädigender **Bodenreaktionen** aufzuerlegen ist.

---

6 Siehe dazu *Lange*, Baugrundhaftung, 1997, S. 5 ff., 171 ff. und hier 2. Kapitel.

7 DIN 18 300 (Erdarbeiten), Bodenklasse 4.

8 DIN 18 300 (Erdarbeiten), Bodenklasse 6 u. 7.

9 *Englert*, BauR 1996, 763 ff.; *ders.*, Mitteilungen TU Darmstadt, 35/1996, S. 209 ff.; *ders.*, in: Wirth, Handbuch, 2005, S. 679 ff.; *ders.*, in: Beck-Kommentar, Teil C, 2003, Syst VI. Rn. 18 ff.; *ders.*, in: FS von Craushaar, 1997, S. 203 ff.; *ders.*: in: *Englert/Grauvogl/Maurer*, Handbuch, 2004, Rn. 988 ff.; *Englert/von der Grün*, BrBp, 2004, 311 ff.; *Kapellmann*, Jahrbuch Baurecht, 1999, S. 1 ff.; *ders.*, in: Beck-Kurz-Kommentare, 2003, § 2 Rn. 39 ff.; *Kapellmann/Schiffers*, Vergütung Bd. 1, 2003, Rn. 707 ff.; *Ganten*, BauR 2000, 645 ff.; *Grauvogl*, NZBau 2002, 597 ff.; *Motzke*, CTBR, Jahresband 2003, S. 17 ff.

10 OLG München, BauR 2004, 680 (= NZBau 2004, 274 = NJW-Spezial 2004, 73).

11 BauR 1996, 763 f.; Mitteilungen TU Darmstadt, 35/1996, S. 209 ff.

Das Baugrundrisiko, das sich alleine mit der Risikotragung des Boden**aufbaus** befasst, wird damit erweitert um die Thematik der Risikotragung schädigender Boden**reaktionen** bei oder nach der Bauausführung.

In der Literatur diskutierte Beispielsfälle zum „Systemrisiko“ sind:

(a) *Neben einem Bahndamm, der ein vielbefahrenes S-Bahn-Gleis trägt, sollte ein Hotelkomplex nebst Tiefgarage errichtet werden. Zur Herstellung der Tiefgarage war aufgrund der räumlichen Nähe zum Bahndamm eine Baugrubensicherung*[12] *erforderlich, um Setzungen des Bahndamms zu vermeiden. Zu diesem Zweck wurde eine vom Auftraggeber beauftragte sog. Bohrpfahlwand*[13] *ausgeführt. Bei der Erstellung der Bohrpfahlwand kam es jedoch trotz Beachtung aller Regeln der Technik und Übereinstimmung des Baugrundes mit dem vom Auftraggeber angegebenen Bodenaufbau zu Setzungen des Bahndamms. Diese waren technisch nicht zu vermeiden.*
Infolge der Setzungen wurden ***zusätzliche*** *Injektions****leistungen***[14] *zur Herstellung der geschuldeten Leistung (Baugrubensicherung) erforderlich, was für den Auftragnehmer mit erheblichen Mehrkosten verbunden war*[15].

(b) *Ein Bauunternehmen wurde beauftragt, direkt neben einem bestehenden 10stöckigen Hochhaus den Baukörper für ein doppelt so hohes Gebäude zu errichten. Im Hinblick auf die Ausmaße und das Gewicht des zu errichtenden Bauwerks bestand die Gefahr, dass der unter dem neu herzustellenden Baukörper liegende Baugrund so zusammengepresst würde, dass sich dadurch auch der Boden des daneben liegenden Bürokomplexes mitgesetzt hätte (sog. Mitnahmesetzung). Diese Mitnahmesetzung würde zur Schädigung des Nachbargebäudes führen. Der Auftraggeber gab daher ein Bausystem in Auftrag, das die Mitnahmesetzung kontrollierbar und minimierbar erscheinen ließ. Es sollten sog. Gründungspfähle in einem engen Raster eingebracht werden, so dass der neue Wohn- und Geschäftsturm seine Last nicht in den unmittelbar unter seinen künftigen Fundamenten*

---

12 *Peter*, Bautechnik, 2001, S. 29: Baugrubensicherung ist die beim Aushub von Baugruben und Leitungsgräben erforderliche Sicherung der Wände gegen Nachrutschen und Einstürzen.

13 *Peter*, Bautechnik, 2001, S. 55: Bohrpfähle sind Ortbetonpfähle, die in einem in den Baugrund gebohrten Hohlraum durch Einbringen von Beton hergestellt werden. Siehe weiter *Englert/Grauvogl/Maurer*, Handbuch, 2004, Rn. 1363 (Abbildung 8).

14 *Peter*, Bautechnik, 2001, S. 157: Injektion ist die Bezeichnung für das Einpressen von hydraulischen oder bituminösen Bindemitteln in den Baugrund zur Bodenverfestigung.

15 Beispiel – leicht abgewandelt – nach *Ax/von Amsberg/Schneider*, (Bau)Leistungen, 2003, S. 168 und *Englert/Grauvogl/Maurer*, Handbuch, 2004, Rn. 997.

anstehenden Boden abtragen, sondern diese Kräfte über Betonpfähle in eine tiefere Schicht ableiten würde. Zusätzlich wurde das vorhandene Hochhaus mit sog. Injektionen und Stützlanzen stabilisiert. Während der Ausführung kam es dennoch zu einer ungleichmäßigen Setzung des Nachbargebäudes um bis zu 65 mm, obwohl der angetroffene Baugrund dem im Bodengutachten beschriebenen entsprach und das gewählte Bausystem ebenso optimal war wie die entsprechend den anerkannten Regeln der Technik ausgeführte Herstellung der Bohrpfähle.
Das ***Nachbargebäude*** *wurde durch die Setzungen erheblich* ***beschädigt***[16].

Beiden Beispielsfällen ist gemeinsam, dass der Baugrund jeweils anders reagierte, als vom Auftragnehmer und Auftraggeber erwartet (Setzungen) und dass die eingetretenen Mängel und Schäden technisch nicht zu verhindern waren[17]. Trotz richtiger Beschreibung des Bodenaufbaus durch den Auftraggeber bzw. den Bodengutachter[18] und technisch fehlerfreier Ausführung durch den Auftragnehmer kam es zu den vorgenannten Störungen des Bauablaufs. Diese waren letztlich auf die unkontrollierbaren naturgegebenen Eigenheiten des Baugrundes zurückzuführen.

Unter „Baugrund“ sind rechtlich diejenigen Teile der Erdoberfläche zu verstehen, die mit den darunter liegenden Erd- und Grundwasserschichten bzw. den darüber liegenden Wasserflächen die Grundlage für die Errichtung von Bauwerken sind, ohne Rücksicht auf die grundbuchrechtliche Aufteilung sowie die Eigentumsverhältnisse[19]. Der Baugrund kann „in seiner Gesamtheit nur näherungsweise mit technischen Modellbildungen beschrieben werden“[20]. Selbst bei Durchführung umfangreicher Baugrunderkundungen können 99,9 % des durch eine Baumaßnahme beeinflussten Bodens nicht direkt aufgeschlossen und die Bodeneigenschaften daher nicht unmittelbar bestimmt werden[21]. Prognosemethoden der Bodenmechanik zur Bestimmung des sog. bodenmechanischen

---

16 Beispielsfall – leicht abgewandelt – nach *Englert*, BauR 1996, 763. Zu weiteren Beispielen siehe *Englert/Grauvogl/Maurer*, Handbuch, 2004, Rn. 999; *Grauvogl*, NZBau 2002, 597.

17 Siehe dazu die Feststellungen der eingeschalteten Gerichtsgutachter bei *Englert/Grauvogl/Maurer*, Handbuch, 2004, Rn. 998.

18 §§ 91 ff. HOAI.

19 Ingenstau/Korbion: *Kratzenberg*, VOB, 2004, VOB/A § 9 Rn. 53; vgl. auch *Marbach*, BauR 1994, 169.

20 *Katzenbach*, Mitteilungen TU Darmstadt, 34/1995, S. 149.

21 Wirth: *Katzenbach/Fehsenfeld*, Handbuch, 2005, S. 771. Vgl. auch *Ax/von Amsberg/Schneider*, (Bau)Leistungen, 2003, S. 144.

Risikoanteils (Verformungen und Erschütterungen) haben selbst bei vollständig bekanntem anfänglichen Bodenaufbau und -zustand ihre Gültigkeitsgrenzen[22]. Je nach den anzutreffenden Baugrund- und Grundwasserverhältnissen können die zum Einsatz kommenden Ausführungstechniken deshalb zu sehr unterschiedlichen Leistungserfolgen führen[23].

Beim Baugrund handelt es sich daher um eine nicht vollständig aufklärbare Baukomponente. Darum wird bei Arbeiten mit dem Boden auch immer ein „Rest an Ungewissheit" verbleiben[24]. Dies kann im Einzelfall zu unerwarteten technischen Problemen führen. Somit sind etwa Setzungen des Baugrundes, wie in obigen Beispielsfällen, nie mit Sicherheit auszuschließen oder durch den Einsatz von Technik zu verhindern[25].

Im Beispielsfall 1 wies der seinerzeit zugezogene Gerichtsgutachter noch ausdrücklich darauf hin, dass die Ansicht, wonach Auflockerungen im Umfeld von Bohrpfählen infolge des Bohrvorgangs letztlich nie ganz zu vermeiden seien, in der entsprechenden Fachliteratur schon seit längerem vertreten worden sei[26]. Damit konnte den Vertragsparteien dieses Restrisiko – ungeachtet der fehlenden technischen Beherrschbarkeit – immerhin bekannt gewesen sein. Denkbar sind aber auch solche Risiken, die zum Zeitpunkt des Bauvertragsabschlusses auch in der Wissenschaft unbekannt waren. So begann die wissenschaftliche Erfassung der technischen Baugrundprobleme erst in den 30er Jahren des 20sten Jahrhunderts. Institute für Grundbau und Bodenmechanik an den Technischen Hochschulen entstanden im Wesentlichen erst nach dem zweiten Weltkrieg[27]. Dies bringt es mit sich, dass gewisse Risiken im Umgang mit dem Baugrund erst langsam bekannt werden[28].

Der **Erfolg** der Leistung des Auftragnehmers ist daher bei Baugrundarbeiten **mitabhängig** von **Faktoren eines vom Auftraggeber zur Verfügung gestellten „Stoffes"** – der Baugrund wird als „Stoff" i. S. der §§ 645 BGB, 13 Nr. 3 VOB/B qua-

22 *Gudehus*, Tagungsband, 2002, S. 24.

23 *Katzenbach*, CTBR, Jahresband 2002, S. 50.

24 *Prader*, BB 1991, Beilage 20, S. 3.

25 Vgl. *Katzenbach*, CTBR, Jahresband 2002, S. 50 und 54.

26 Nachweis bei *Englert/Grauvogl/Maurer*, Handbuch, 2004, Rn. 998.

27 *Englert/Bauer*, Rechtsfragen, 1991, Rn. 84.

28 Vgl. *Weissenbach*, FS Bauer, 1993, S. 7 ff. Siehe auch *Gudehus*, Tagungsband, 2002, S. 28 zu aktuellen Fehlschlägen des sog. Düsenstrahlverfahrens.

lifiziert[29]. Der konkrete Einfluss der Faktoren auf die Bauausführung kann vom Auftragnehmer regelmäßig weder vorausgesehen werden[30], noch ist er technisch beherrschbar[31], da die naturwissenschaftliche Vielschichtigkeit des Stoffes Baugrund sichere Prognosen nicht erlaubt.

Derartige Risiken werden in der Bauwirtschaft zumeist als „unkalkulierbar" angesehen und sind in der Rechtsdogmatik im Umkreis des „Zufalls" anzusiedeln, da der Eintritt der Risiken letztlich von keiner Partei verschuldet ist[32].

All dies fasst *Englert* mit dem Begriff „Systemrisiko" zusammen. Konkret soll dies die Gefahr sein, dass „bei der Herstellung von (Tief-) Bauwerken niemals sämtliche naturwissenschaftlichen Reaktionen des zur Anwendung gelangenden Bausystems (...) mit absoluter Sicherheit vorhergesagt oder vorausberechnet werden und deshalb trotz bestmöglicher Vorgaben und optimaler Ausführung Mängel und Schäden auftreten können"[33].

Von „System" wird in diesem Zusammenhang gesprochen, da die zu bewältigende Bauaufgabe aus dem technischen Gesamtsystem Baugrund und Baugrundtechnik besteht.

Von „Risiko" kann gesprochen werden, da Mängel und Schäden trotz technisch bestmöglicher Anwendung des Bauverfahrens und Beachtung aller bestehenden Vorgaben (insbesondere der anerkannten Regeln der Technik[34] und des Standes der Wissenschaft und Technik[35]) – und damit in einer für den Auftragnehmer technisch nicht beherrschbaren Weise – auftreten können, sogar zum

29 Literatur: MünchKomm: *Busche*, BGB, Bd. 4, 2005, § 645 Rn. 6; Erman: *Schwenker*, BGB, 2004, § 645 Rn. 2; Beck-Kommentar: *Rüßmann*, Teil B, 1997, § 7 Rn. 26; Palandt: *Sprau*, BGB, 2006, § 645 Rn. 7; Nicklisch/Weick: *Nicklisch*, VOB, 2001, Einl §§ 4–13 Rn. 72; Heiermann/Riedl/Rusam: *Heiermann*, VOB, 2004, A § 9 Rn. 15; Ingenstau/Korbion: *Oppler*, VOB, 2004, VOB/B § 7 Rn. 12; RGRK: *Glanzmann*, Bd. II Teil 4, 1978, § 645 Rn. 2; *Vygen/Schubert/Lang*, Bauverzögerung, 2002, Rn. 143; *Ax/von Amsberg/Schneider*, (Bau)Leistungen, 2003, S. 150; *Meissner*, Baugrundrisiko, 1991, S. 353; vgl. auch *Pauly*, MDR 1998, 1457. Vgl. im Übrigen *Englert*, NZBau 2000, 115. Rechtsprechung: BGH, NJW 2000, 1336, 1338; OLG München, BauR 2004, 680; OLG Düsseldorf, BauR 2002, 1853; OLG Naumburg, Urteil v. 18.03.2004 – 4 U 127/03= IBR 2004, 481. Dagegen hat der BGH, in: NJW 1981, 392 offengelassen, ob ein Tunnel, an dem Arbeiten vorgenommen werden, als „Stoff" i. S. des § 645 BGB angesehen werden kann. A.A.: Staudinger: *Peters*, Bd. II, 2003, § 645 Rn. 12.

30 Siehe dazu 5. Kapitel..

31 Vgl. dazu *Gudehus*, Tagungsband, 2002, S. 28 m.w.N.

32 *Ganten*, BauR 2000, 644.

33 In: FS von Craushaar, 1997, S. 211.

34 Siehe dazu *Falk/Maier*, Handbuch, 2003, Rn. 210; *Siegburg*, Handbuch Gewährleistung, 2000, Rn. 797 ff. sowie *Fischer*, Die Regeln der Technik im Bauvertragsrecht, 1986.

35 Siehe dazu OLG Köln, BauR 1991, 759, 763; *Siegburg*, Handbuch Gewährleistung, 2000, Rn. 804.

Teil zwangsläufig auftreten[36]. Auf diese Zwangsläufigkeit deutet die DIN 4123 (Tiefbauleistungen im Bereich von Ausschachtungen, Gründungen und Unterfangungen) unter Ziffer 2 hin. Die Ziffer 2 der DIN 4123 lautet wie folgt:

> *„Diese Norm gibt an, wie in einfachen Fällen Ausschachtungen und Gründungsarbeiten (...) so durchgeführt werden können, daß die Standsicherheit dieser Gebäude gewährleistet bleibt und daß Gebäudeteile keine schädlichen Bewegungen erleiden.*
> *Anmerkung: Maßnahmen nach dieser Norm verhindern jedoch geringfügige Bewegungen der bestehenden Gebäudeteile im allgemeinen nicht. Je nach dem Zustand dieser Bauten **können** Risse auftreten, (...)"*[37].

Damit sind auftretende Mängel oder Schäden alleine durch das Zusammenwirken des Bodens mit dem Bauverfahren möglich – auch wenn bestmöglich gearbeitet wird und sind systemimmanent. Auf den tatsächlichen Eintritt von Mängeln oder Schäden hat der Auftragnehmer keinen Einfluss. Vielmehr noch droht dem Auftragnehmer die **werkvertragliche Erfolgshaftung** mit allen daraus resultierenden rechtlichen Konsequenzen.

Die Rechtsprechung hat den Terminus „Systemrisiko" jüngst mit Urteil vom 15.10.2003[38] im Rahmen einer ähnlich gelagerten, aber doch modifizierten Sachverhaltskonstellation übernommen. Der dieser Entscheidung zugrunde liegende Sachverhalt soll hier als weiterer Beispielfall 3 dienen:

(a) Ein Auftraggeber betreibt eine Mülldeponie. Infolge biologischer Abbauprozesse bilden sich in einem solchen Müllkörper Gase. Dies führt zwangsläufig zu Setzungen innerhalb des Müllkörpers.

Der Auftraggeber beauftragte – nach vorheriger VOB/A-Vergabe – den Auftragnehmer mit dem Bau eines Gassammlungs- und Gasableitungssystems zur anschließenden Verwertung der Gase. Für die Anordnung der Entgasungsleitungen im Müllkörper war im Leistungsverzeichnis des Auftraggebers ein vorsorgliches Gefälle von 3 % vorgesehen, um vorbenannte Setzungen auszugleichen. Tatsächlich traten nach Abnahme der Leistungen innerhalb des Müllkörpers jedoch stärkere Setzungen als erwartet auf, die durch das Gefälle der Leitungen nicht ausgeglichen werden konnten und die zum Verschluss der Entgasungsleitungen führten. Die ***Leitungen*** wurden dadurch in der ***Funktion untauglich***.

---

36 *Englert/Grauvogl/Maurer*, Handbuch, 2004, Rn. 996.

37 Hervorhebung d. d. Verfasser.

38 OLG München, BauR 2004, 680.

Die tatsächlich aufgetretenen Setzungen waren zur Überzeugung des Gerichts ***nicht bautechnisch bedingt*** und für den Auftragnehmer technisch nicht beherrschbar. Das konkrete Ausmaß der Setzungen war von der Zusammensetzung des Müllkörpers abhängig, die weder dem Planer noch dem Auftragnehmer bekannt war.

Der Auftraggeber verlangte Kostenvorschuss zur Mängelbeseitigung.

Auch hier geht es also um eine technisch unbeherrschbare Erfolgsbeeinträchtigung durch einen vom Auftraggeber zur Verfügung gestellten Stoff (Mülldeponie). Während die Literatur jedoch ihr Augenmerk auf schädigende *Wechselwirkungen*[39] des Stoffes mit der Bautechnik legt und die Beeinträchtigung des Erfolges in diesen Fällen daher zumindest mitursächlich auf die Bautechnik zurückzuführen ist („gemischte Ursache“[40]), ist dies im Beispielsfall 3 anders. Dort geht es ausschließlich um einseitig auf den Stoff zurückgehende monokausale Schädigungen, ohne dass die Bautechnik ursächliche Relevanz dafür hätte.

Das „Systemrisiko“ ist schließlich neben der Übernahme der Terminologie durch die Rechtsprechung auch in der Baupraxis im Vordringen. Beim Bundeskartellamt wurde 2003/2004 durch den Verein zur Förderung fairer Bedingungen am Bau e.V. – dem u. a. der Hauptverband der Deutschen Bauindustrie e.V. als geborenes Vereinsmitglied angehört – eine kartellrechtliche Freistellung für Vertragsbedingungen im Spezialtiefbau erwirkt, die dort zur einheitlichen Anwendung vorgesehen sind.

Diese Vertragsbedingungen[41] sehen in Abschnitt C.6 folgende Klausel vor:

> *„Systemrisiko*
> *Der Auftraggeber hat für die nachteiligen Folgen eines von ihm dem Auftragnehmer vorgegebenen technischen Systems einzustehen, es sei denn, der Auftragnehmer hat die Systemvorgaben nicht ordnungsgemäß umgesetzt.“*

Die Klausel belastet damit den Auftraggeber mit dem Systemrisiko, sofern er dem Auftragnehmer das technische System „vorgegeben“ hat.

Die Mitgliedsunternehmen des Vereins sind verpflichtet, diese Vertragsbedingungen für Verträge anzuwenden, die Baustellen in der Bundesrepublik Deutsch-

---

39 Vgl. Abschnitt 5.2 der DIN 4020 (Geotechnische Untersuchungen für bautechnische Zwecke): „(...) *Wechselwirkungen* zwischen den angetroffenen Baugrundverhältnissen einerseits (...) und Bauausführung andererseits (...)“.

40 *Siegburg*, Handbuch Gewährleistung, 2000, Rn. 1488.

41 Bundesanzeiger vom 06.01.2004, S. 74 f.

land betreffen. Die Bedingungen gelten gegenüber Auftraggebern der Wirtschaft (Unternehmern), nicht gegenüber Verbrauchern. Sie finden Anwendung auf Verträge mit einem Spezialtiefbauanteil[42] von mehr als 20 % der Bruttoangebotssumme. Praxisrelevant dürfte der Geltungsbereich insbesondere für Mitgliedsunternehmen sein, die sich an Bieter- bzw. Arbeitsgemeinschaften zusammen mit nicht anwendungsverpflichteten Unternehmen – also Nichtmitgliedern des Vereins – beteiligen. Für diesen Fall ist vorgesehen, dass sich Mitgliedsunternehmen an einer Bieter- bzw. Arbeitsgemeinschaft nicht beteiligen werden, wenn der Spezialtiefbauanteil der Mitgliedsunternehmen mehr als 20 % der Bruttosumme des Gesamtangebotes ausmacht und die Vertragsbedingungen auf den Gesamtauftrag keine Anwendung finden sollen[43].

Die Akzeptanz der Praxis zu dieser Vertragsklausel bleibt abzuwarten[44].

B. Aufgabenstellung der Untersuchung

Nach vorstehender Einführung in die Problemstellung wird deutlich, dass das vorliegende Thema eng mit dem bürgerlich-rechtlichen Grundsatz der Erfolgshaftung des Werkunternehmers zusammenhängt[45]. Dieser schuldet den Arbeitserfolg ohne Rücksicht auf eigenes Verschulden. Er trägt insoweit das sog. „Arbeitsrisiko"[46].

Es stellt sich jedoch die Frage, ob der Auftragnehmer danach auch für unvermeidbare Fehlschläge oder Beeinträchtigungen seines Arbeitserfolges einzustehen hat, die letztlich auf den **vom Auftraggeber** zur Verfügung **gestellten Baugrund** („Stoff") **zurückzuführen** sind.

Eine Einstandspflicht des Auftragnehmers ist grundsätzlich zu bejahen, wenn die Probleme für den Auftragnehmer vorhersehbar oder technisch beherrschbar waren. Im ersten Fall waren sie für ihn kalkulierbar, im letzten Fall vermeidbar gewesen. Gibt es eine unbedingte Einstandspflicht aber auch dann, wenn das Scheitern des Arbeitserfolges, wie in den Fällen des „Systemrisikos", ihre Ursache in nicht vorhersehbaren und nicht beherrschbaren Auswirkungen des Baugrundes hat? Dieser Fragestellung geht diese Arbeit nach.

---

42 Siehe zu diesem Begriff *Englert/Grauvogl/Maurer*, Handbuch, 2004, Rn. 41.

43 Teil A der Vertragsbedingungen.

44 Vgl. zum Rechtstatsächlichen des Systemrisikos: *Oberhauser*, Bauvertragsrecht im Umbruch, 2000, S. 99.

45 Vgl. statt aller: Staudinger: *Peters*, BGB, Bd. II, 2003, § 631 Rn. 13.

46 OLG Stuttgart, BauR 1994, 631.

Konkret widmet sich vorliegende Arbeit der Klärung der Frage, welche **vergütungs-** und **gewährleistungsrechtlichen Konsequenzen** sich ergeben, wenn der Arbeitserfolg des Auftragnehmers aufgrund der vorbeschriebenen **unvorhersehbaren** und **nicht beherrschbaren** Faktoren des vom **Auftraggeber** zur Verfügung **gestellten Stoffes** fehlgeht oder erschwert wird. Entsprechend ist die **haftungsrechtliche Seite** für **Schäden in der Umgebung** des Bauvorhabens (Nachbarschäden) darzustellen.

Die in diesem Zusammenhang relevanten Sachverhalte werden in tatsächlicher Hinsicht gegliedert und jeweils einer Lösung zugeführt. Dabei werden in die Untersuchung sowohl einseitige Schädigungen resultierend aus dem auftraggeberseitig bereitgestellten Stoff – entsprechend der Verwendung des Begriffes „Systemrisiko" durch die Rechtsprechung – als auch solche Schädigungen einbezogen, die erst aus dem Zusammenwirken des Stoffes mit der Bautechnik herrühren – entsprechend der Verwendung des Begriffes „Systemrisiko" in der Literatur.

Die vorliegende Fragestellung ist nicht auf Arbeiten mit dem Baugrund beschränkt, tritt bei diesen Arbeiten aber aufgrund der geologischen und bodenmechanischen Komplexität des Baugrundes besonders hervor[47]. Deshalb wird die Problemstellung hier vorwiegend anhand von Tiefbauarbeiten erörtert, die in Kontakt mit dem Baugrund treten. Tiefbau ist im Unterschied zum Hochbau die Bezeichnung für Bauarbeiten zu ebener Erde, in oder unter der Erde[48].

Obwohl der Begriff „Systemrisiko" kein feststehender Begriff ist, soll er hier verwendet werden. Er ist aus der Sicht des Verfassers zumindest geeignet, die tatsächliche Problemlage zu umschreiben. Mit dem Begriff „Systemrisiko" wird somit fortan die folgende, in tatsächlicher Hinsicht bestehende Gefahrenlage umschrieben:

Der Arbeitserfolg des Auftragnehmers wird trotz Anwendung einer geeigneten (Tief-) Bautechnik und trotz einer fehlerfreien Bauausführung durch unvorhersehbare und technisch nicht beherrschbare Faktoren des vom Auftraggeber zur Verfügung gestellten Baugrundes – oder eines ähnlich komplexen Stoffes – beeinträchtigt. Dabei kann die Beeinträchtigung einseitig auf den vom Auftraggeber zur Verfügung gestellten Baugrund oder aber auf Wechselwirkungen des

47 Vgl. Beck-Kurz-Kommentare: *Kapellmann*, 2003, § 2 Rn. 40.

48 *Peter*, Bautechnik, 2001, S. 307. Nach Art. 1 Abs. 2 lit. b der Richtlinie 2004/18/EG des Europäischen Parlaments und des Rates über die Koordinierung der Verfahren zur Vergabe öffentlicher Bauaufträge, Lieferaufträge und Dienstleistungsaufträge vom 31.03.2004 (ABl. Nr. L 134/114 vom 30.04.2004) werden ebenfalls „Tief- und Hochbauarbeiten" unterschieden.

Baugrundes mit der Bautechnik zurückgehen. Entsprechendes gilt für Schäden in der Umgebung des Bauvorhabens.

C. Gang der Untersuchung

Die Arbeit ist wie folgt gegliedert:

Zunächst wird der Begriff und die rechtliche Einordnung des „Baugrundrisikos" in der Rechtsprechung und Literatur geklärt (2. Kapitel). Das Thema „Baugrundrisiko" ist als Abgrenzungs- und insbesondere als Vorfrage zu der hier zu untersuchenden Fragestellung relevant.

Danach wird das Schrifttum zum Systemrisiko und die Rechtsprechung hierzu dargestellt (3. Kapitel).

Eine eingehende Auseinandersetzung mit den Literaturauffassungen und der Rechtsprechung gibt es bislang nicht. Deshalb wird dies im Rahmen dieser Arbeit nachgeholt (4. Kapitel).

Daran schließt eine breite Darstellung der zum Systemrisiko vertretenen eigenen Auffassung an, die versucht, eine praktikable Lösung der bestehenden Streitfragen zu bieten (5. Kapitel).

Schließlich werden die mit dieser Arbeit gewonnenen Ergebnisse thesenartig zusammengefasst (6. Kapitel).

2. Kapitel: Vorfrage und Abgrenzung: das „Baugrundrisiko“

Das Systemrisiko weist Gemeinsamkeiten zu dem in der privatbaurechtlichen Literatur vielfach erörterten sog. „Baugrundrisiko“ auf. In beiden Fällen – Systemrisiko und „Baugrundrisiko“ – schlagen sich **ungünstige Bodenverhältnisse** auf die Bauausführung nieder (Bodenrisiken). Es handelt sich jedoch um verschiedenartige Problemstellungen (Abgrenzung), wenngleich aus der rechtlichen Behandlung des „Baugrundrisikos“ für die Lösung des Systemrisikos wichtige Schlussfolgerungen gezogen werden können (Vorfrage). Deshalb ist im Fortgang dieser Arbeit zunächst der Begriff und die rechtliche Einordnung des „Baugrundrisikos“ zu klären.

Wenn im Nachfolgenden von „Baugrundrisiko“ gesprochen wird, so ist darauf hinzuweisen, dass die Terminologie in der Literatur und der Rechtsprechung nicht einheitlich ist. Anstatt von „Baugrundrisiko“[49] wird auch von „Boden- und Grundwasserrisiko“[50], „Risiko für die (...) Boden- und Wasserverhältnisse“[51], „Wagnis der Bodenbeschaffenheit“[52], Baugrund als „Risikobereich“[53], „Risiko der Bodenbeschaffenheit“[54], „Risiko der Baugrundbeschaffenheit“[55] und „Bodenrestrisiko“[56] gesprochen, ohne dass damit rechtliche Differenzierungen vorgenommen würden[57]. Im Bereich des Tunnelbaus wir auch von „Gebirgsrisiko“[58] gesprochen.

Die uneinheitliche Terminologie dürfte insbesondere darauf zurückzuführen sein, dass weder das BGB noch die VOB ausdrückliche Aussagen zum „Baugrund-

---

49 *Lange*, Baugrundhaftung, 1997, S. 13; Ingenstau/Korbion: *Kratzenberg*, VOB, 2004, VOB/A § 9 Rn. 54; *Falk/Maier*, Handbuch, 2003, Rn. 471; *Marbach*, BauR 1994, 177; *Englert/Grauvogl/Maurer*, Handbuch, 2004, Rn. 882 ff.; OLG Stuttgart, BauR 1994, 631.

50 OLG Düsseldorf, S/F/H § 5 VOB/B (1973) Nr. 6 Bl. 13.

51 Ingenstau/Korbion: *Kratzenberg*, VOB, 2004, VOB/A § 9 Rn. 54.

52 *Schäfer*, Bodenverhältnisse, 1927, S. 46.

53 LG Köln, S/F/H § 6 Nr. 6 VOB/B (1973) Nr. 2 Bl. 18.

54 BGH, S/F Z.2.311 Bl. 31, 35 R.

55 *Nicklisch*, BB 1991, Beilage 20, S. 8.

56 *Wiegand*, ZfBR 1990, 2.

57 Vgl. *Englert/Grauvogl/Maurer*, Handbuch, 2004, Rn. 883.

58 *Nicklisch*, BB 1991, Beilage 20, S. 8.

risiko" treffen. Als technischer Begriff findet er sich in der DIN 4020 (Geotechnische Untersuchungen für bautechnische Zwecke)[59].

A. Einführender Beispielsfall aus der Rechtsprechung

Den „Lehrbuch"-Fall für das Baugrundrisiko stellt das Urteil des LG Köln vom 16.11.1982[60] dar:

> *Der Auftraggeber schrieb Arbeiten für die Errichtung einer Eisenbahnbrücke ausaus. Danach waren auch Baugrundarbeiten zu erbringen. Das den Ausschreibungsunterlagen beigefügte Baugrundgutachten nannte für die relevanten Bodenbereiche Bodenarten nach den Klassen 3 bis 7 gemäß der DIN 18300. Im Rahmen der Bodenklasse 3 („Leicht lösbare Bodenarten") wurde im Gutachten Sand „unterschiedlich stark verlehmt" angegeben.*
> *Im Zuge der Baudurchführung kam es sodann auf der linken Seite des Brückenkörpers zu einem Bodeneinbruch. Als Ursache wurde eine „völlig trockene Sandlinse" festgestellt, die „ohne bündige Bestandteile" war. Die Sandlinse wäre – zur Überzeugung des Gerichts – auch durch zusätzliche Bodenuntersuchungen nicht feststellbar gewesen.*
> *Der Auftragnehmer beanspruchte Ersatz der ihm durch den Bodeneinbruch entstandenen Mehrkosten, insbesondere Ersatz für die Herstellung von sog. Zwischenbühnen, die für die Standfestigkeit des Bauwerks aufgrund der trockenen Sandschichten zusätzlich erforderlich wurden.*

Das LG Köln sprach dem Auftragnehmer einen Mehrvergütungsanspruch für die Herstellung der zusätzlichen Zwischenbühnen nach § 2 Nr. 6 VOB/B bzw. nach § 2 Nr. 8 Abs. 2 VOB/B zu: Um vom ursprünglichen Vertragsumfang umfasste Leistungen handle es sich bei der Herstellung der Zwischenbühnen lediglich dann, wenn der Auftragnehmer die Mehrarbeiten im Vorhinein hätte einkalkulieren müssen. Für eine Kalkulierbarkeit der Mehrarbeiten sei es erforderlich, dass der Auftragnehmer diese Mehrleistungen hätte voraussehen können. Eine Voraussehbarkeit der Sandlinse sei vorliegend jedoch anhand des – vom Auftraggeber vorgelegten – Baugrundgutachtens auch bei aller zumutbaren Überprüfung der Bodenverhältnisse zu verneinen. So sei in dem Gutachten im Rah-

---

59 Auch in der DIN 1054 (Zulässige Belastung des Baugrundes) findet das „Baugrundrisiko" als technischer Begriff Verwendung.

60 S/F/H § 6 Nr. 6 VOB/B (1973) Nr. 2 (sog. „Sandlinsen-Fall").

men der Bodenklasse 3 zwar auch Sand angesprochen worden, jedoch lediglich „unterschiedlich stark verlehmter" Sand und kein „völlig trockener", wie im Form der Sandlinse tatsächlich vorgefunden. Zusammenfassend stellt das Gericht fest: „An dem Grundsatz, daß der **Baugrund** in den **Risikobereich** des **Auftraggebers** fällt, (...) [ändere] sich im vorliegenden Fall auch nichts aus dem Grunde, weil die Klägerin ein Nebenangebot zur Durchführung" gebracht habe.

Mit Baugrundrisiko wird nach dem LG Köln der Sache nach also die – vertraglich nicht eigens geregelte – Gefahr von Erschwernissen aufgrund eines **abweichenden Bodenaufbaus** gegenüber dem vertraglich vorausgesetzten bezeichnet.

B. Begriff und Bedeutung des Baugrundrisikos in Rechtsprechung und Literatur

Weitere Entscheidungen der Rechtsprechung, die sich mit dem Begriff und der Problematik des Baugrundrisikos auseinandersetzen, sind lediglich in geringer Zahl vorhanden. *Quack* gibt als mögliche Gründe hierfür an, dass die Verhältnisse teilweise so klar seien, dass Streit nicht entstehen könne, teilweise so unklar seien, dass Streit nicht riskiert werden könne, das Thema für das Revisionsverfahren nicht geeignet sei und die Fallgestaltungen im Rahmen von Instanzentscheidungen wegen zu starker Orientierung am Einzelfall oft nicht veröffentlichungswürdig seien[61].

Soweit in der Rechtsprechung zum Begriff des Baugrundrisikos ausdrücklich Stellung genommen wird, wird er wie folgt umschrieben:

> *„Eine Verwirklichung des ‚Baugrundrisikos' ist nur dann gegeben, wenn der Baugrund von dem abweicht, was die Parteien bei Vertragsschluß vorausgesetzt haben und wenn dadurch (unvermutete) Erschwernisse entstehen"* [62].
> *„Baugrundrisiko (...) [sei die] unerwartete, unvorhersehbare Abweichung des Baugrundes von den beiderseitigen Vorstellungen"* [63].
> *„Das Baugrundrisiko selbst wird erst dann relevant, wenn trotz bestmöglicher Erkundung des Baugrundes ohne Verschulden von Auftraggeber oder Auftragnehmer während der Arbeiten Erschwernisse im Boden- und Grundwasserbe-*

61 BB 1991, Beilage 20, S. 9 ff. Vgl. auch die Darstellung der Rechtsprechung von *Kniffka*, CTBR, Jahresband 2002, S. 21 ff.

62 OLG Stuttgart, BauR 1994, 631.

63 OLG Schleswig, BauR 1999, 780.

reich auftreten und es dadurch zu geänderten Leistungen und Verzögerungen kommt" [64].

Jüngst wurde das Baugrundrisiko vom OLG Zweibrücken mit Urteil vom 07.07.2004[65] wie folgt umschrieben:

> *Das Baugrundrisiko ist das Wagnis, dass trotz sorgfältiger Erkundung des Baugrundes und der Wasserverhältnisse sowie ohne Verschulden eines Vertragspartners die angetroffenen geotechnischen Verhältnisse von den erwarteten Verhältnissen abweichen und hierdurch behindernde und wirtschaftliche Folgen eintreten können."*

In der Literatur wird zum Teil auch von „echtem" Baugrundrisiko gesprochen, um deutlich zu machen, dass insoweit weder dem Auftraggeber noch dem Auftragnehmer eine Pflichtverletzung bezogen auf die Aufklärung der Baugrundverhältnisse[66] vorzuwerfen sein darf, es also an einem Verschulden fehlen muss[67]. Zur Definition des Baugrundrisikos findet sich im Wesentlichen[68]:

> *„Der Begriff ‚Baugrundrisiko' erfasst einmal Abweichungen der tatsächlich angetroffenen Boden- und Wasserverhältnisse von den erwarteten, soweit dies für die betreffende Bauausführung von Bedeutung ist, zum anderen (...) diejenigen Fälle, in denen die vorgenannten Abweichungen in ihren behindernden oder wirtschaftlichen Folgen von keinem der Vertragspartner einschließlich deren Erfüllungsgehilfen zu vertreten sind"*[69].
> *„Umfasst vom ‚Baugrundrisiko' sind (...) Abweichungen der Boden- und Wasserverhältnisse von den erwarteten, meist in Boden- oder Baugrundgutachten*

---

64 OLG München, Urteil vom 15.10.1996 – 13 U 5857/95= IBR 1997, 104. Vgl. auch Thüringer OLG, BauR 2003, 714.

65 1 U 1/04= IBR 2004, 557.

66 Siehe zu baugrundbezogenen Untersuchungs- und Prüfungspflichten ausführlich *Lange*, Baugrundhaftung, S. 23-46; *Kniffka*, CTBR, Jahresband 2002, S. 21 ff.; *Motzke*, CTBR, Jahresband 2003, S. 17 ff.

67 Vgl. *Lange*, Baugrundhaftung, 1997, S. 17; *von Craushaar*, FS Locher, 1990, S. 19.

68 Siehe weiter *Lange*, Baugrundhaftung, 1997, S. 16 f.; *Heuchemer*, BB 1991, Beilage 20, S. 12; *von Craushaar*, FS Locher, 1990, S. 19 ff.; *Schelle*, Hoch- und Tiefbau 1/85, S. 32; *Schottke*, BauR 1993, 407 ff.; *Peters*, BauR 1998, 215.

69 Ingenstau/Korbion:*Kratzenberg*, VOB, 2004, VOB/A § 9 Rn. 54.

näher beschriebenen Zusammensetzungen der Boden- und Wasserschichten (...) [und] auch alles sonst unerwartet im Baugrund Vorgefundene"[70].
„Das Baugrundrisiko (...) kommt nur insoweit in Betracht, als hinsichtlich dieses später zu Tage getretenen Risikos keine Handlungspflichten der Baubeteiligten verletzt wurden. Den Auftraggeber trifft das Risiko, das als restliches Risiko auch durch eingehende geotechnische Untersuchungen deshalb nicht ausgeschlossen werden kann, weil die Maßnahmen immer nur Stichproben sind"[71].

Im Kern geht es daher sowohl nach der Rechtsprechung als auch nach der Literatur bei dem Begriff Baugrundrisiko um das – vertraglich nicht eigens geregelte – Risiko **abweichender Bodenverhältnisse** gegenüber den beschriebenen bzw. den vertraglich vorausgesetzten. Illustrierende Beispiele für derartige Bodenabweichungen sind: abweichende Bodenklassen von den im Bodengutachten angegebenen[72] bzw. abweichende Schichten oder nicht angegebene Einschlüsse und Verwerfungen[73], höher anstehendes Grundwasser[74], vorgefundene Kellergewölbe, Auffüllungen, Findlinge, Geheimgänge, Wurzeln, Stollen, Bunker, Reste früherer Kulturen wie Holzpfähle oder Gräber, Quellen, Grundwasserströme, Schichtenwasser, Heizöl- oder Gastanks, Kanäle, Versorgungsleitungen[75] oder kontaminiertes Erdreich[76].

C. Zuordnung des Baugrundrisikos in Rechtsprechung und Literatur

In der Literatur wird im Grundsatz nahezu einhellig die Auffassung vertreten, dass der Baugrund mangels anderweitiger vertraglicher Abreden in den Risiko-

70 *Englert/Grauvogl/Maurer*, Handbuch, 2004, Rn. 903 f.; siehe ferner *Englert*, BauR 1991, 537.

71 *Motzke*, CTBR, Jahresband 2003, S. 45.

72 Franke/Kemper/Zanner/Grünhagen: *Kemper*, VOB, 2005, § 2 VOB/B Rn. 130 f.

73 Vgl. *Gudehus*, Tagungsband, 2002, S. 24.

74 Vgl. *Motzke*, CTBR, Jahresband 2003, S. 21.

75 *Englert/Grauvogl/Maurer*, Handbuch, 1999, Rn. 531.

76 *Marbach*, BauR 1994, 178.

bereich des Auftraggebers fällt[77]. Die Rechtsprechung folgt dem, wenngleich der BGH den Begriff des Baugrundrisikos in dem hier in Rede stehenden Sinn bislang nicht verwandt hat[78].

Im Wesentlichen werden für die Risikoverteilung zu Lasten des Auftraggebers die nachstehenden Argumente vorgebracht:

Bodenerschwernisse, mit denen der Auftragnehmer nach dem Vertrag nicht zu rechnen bräuchte, stellten für ihn eine zusätzliche Leistung nach § 2 Nr. 6 VOB/B[79] oder eine Behinderung nach § 6 Nr. 1 VOB/B dar, was zu Schadensersatzansprüchen nach § 6 Nr. 6 VOB/B führe[80].

Der Auftraggeber bzw. der Bauherr verfüge über den Baugrund, dieser befinde sich also in seiner „Sphäre"[81]. Der Auftraggeber bzw. Bauherr ziehe die Vorteile aus dem Baugrund und müsse deshalb auch die Nachteile tragen[82].

Überwiegend werden zur Begründung die §§ 644, 645 BGB (analog) herangezogen. Der Baugrund sei als „Baustoff" i. S. der §§ 644, 645 BGB zu qualifizieren. Nach § 644 Abs. 1 Satz 3 BGB sei der Unternehmer nicht für eine zufällige Verschlechterung des von dem Besteller gelieferten Stoffes – also des Baugrundes – verantwortlich. Auch könne der Unternehmer nach § 645 BGB einen der geleis-

---

77 Ingenstau/Korbion: *Kratzenberg*, VOB, 2004, VOB/A § 9 Rn. 54 und *Keldungs*, VOB/B § 2 Nr. 1 Rn. 10; Soergel: *Teichmann*, BGB, 1997, § 645 Rn. 4; Kleine-Möller/Merl/Oelmaier: *Merl*, Handbuch, 2005, § 12 Rn. 111; *von Craushaar*, FS Locher, 1990, S. 19; *Kuß*, Verdingungsordnung für Bauleistungen, 2003, VOB/A § 9 Rn. 67; Beck-Kommentar: *Jagenburg*, Teil B, 1997, Vor § 2 Rn. 211 und § 2 Rn. 39 sowie *Rüßmann*, § 7 Rn. 26; Leinemann: *Schoofs*, VOB/B, 2005, § 2 Rn. 142; *Ax/von Amsberg/Schneider*, (Bau)Leistungen, 2003, S. 145; *Heuchemer*, BB 1991, Beilage 20, S. 13; *Peters*, BauR 1998, 216; *Englert/Grauvogl/Maurer*, Handbuch, 2004, Rn. 933; *Englert*, BauR 1991, 537 ff.; *Englert/Bauer*, Rechtsfragen, 1991, Rn. 115; *Kapellmann/Schiffers*, Vergütung, Bd. 1, 2000, Rn. 758; Franke/Kemper/Zanner/Grünhagen: *Kemper*, VOB, 2005, § 2 VOB/B Rn. 132; *Marbach*, BauR 1994, 177; *Vygen*, BauR 1983, 218; *ders.*, Bauvertragsrecht, 1997, Rn. 660 und 696; *Vygen/Schubert/Lang*, Bauverzögerung, 2002, Rn. 143; *Zielemann*, Vergütung und Zahlung nach VOB, 1995, Rn. 173; *Schottke*, BauR 1993, 407; *Donus*, Der Fertighausvertrag, 1988, S. 117; *Schelle*, Hoch- und Tiefbau 1/85, S. 32; vgl. auch Nicklisch/Weick: *Nicklisch*, VOB, 2001, Einl 4-13 Rn. 72; *Pauly*, MDR 1998, 1453; *Peters*, BauR 1998, 215 ff.; *Quack*, BB 1991, Beilage 20, S. 9 ff.; *Motzke*, CTBR, Jahresband 2003, S. 45; *Koeble*, Rechtshandbuch Immobilien, Kapitel 17 Rn. 30, Kapitel 62 Rn. 23 ff. Ausführlich *Lange*, Baugrundhaftung, 1997, S. 13 ff., 171 ff. Rechtsvergleichend zur Bodenrisikoverteilung *Wiegand*, ZfBR 1990, 2 ff.; *Heuchemer*, BB 1991, Beilage 20, S. 12 ff. und *Englert/Grauvogl/Maurer*, Handbuch, 2004, Rn. 923 ff.

78 OLG Thüringen, BauR 2003, 714; OLG Stuttgart, BauR 1994, 631; OLG Hamm, NJW-RR 1994, 406; OLG München, BauR 2004, 680; LG Köln, S/F/H § 6 Nr. 6 VOB/B (1973) Nr. 2; vgl. auch OLG Schleswig, BauR 1989, 730.

79 LG Köln, S/F/H § 6 Nr. 6 VOB/B (1973) Nr. 2.

80 OLG Hamm, NJW-RR 1994, 406.

81 *Schelle*, Hoch- und Tiefbau 1/85, S. 32.

82 Vgl. *von Craushaar*, FS Locher, 1990, S 19.

teten Arbeit entsprechenden Teil der Vergütung verlangen, wenn das Werk vor der Abnahme infolge eines Mangels des vom Besteller gelieferten Stoffes untergehe, verschlechtert oder unausführbar werde. Diese Regelungen wiesen somit dem Auftraggeber das Baugrundrisiko zu[83].

Weiter wird § 9 Nr. 2 VOB/A angeführt, wonach dem Auftragnehmer kein „ungewöhnliches Wagnis" aufgebürdet werden darf für Umstände und Ereignisse, auf die er keinen Einfluss hat und deren Einwirkungen auf die Preise er nicht im Voraus schätzen kann. Die Vorschrift gelte zwar als Regelung des öffentlichen Vergaberechts primär nur gegenüber öffentlichen Auftraggebern, sei aber als „Grundgesetz der Leistungsbeschreibung" auch gegenüber privaten Auftraggebern anwendbar[84]. Diese Regelung weise dem Auftraggeber das Baugrundrisiko zu[85].

Selbiges soll sich aus § 9 Nr. 3 Abs. 3 und 4 VOB/A ergeben. Nach § 9 Nr. 3 Abs. 3 VOB/A hat der Auftraggeber die für die Ausführung der Leistung wesentlichen Verhältnisse der Baustelle, insbesondere die Boden- und Wasserverhältnisse, so zu beschreiben, dass der Bewerber ihre Auswirkungen auf die bauliche Anlage und die Bauausführung hinreichend beurteilen kann. Nach § 9 Nr. 3 VOB/A liege im Ausgangspunkt die grundsätzliche Verantwortung für das Baugrundrisiko auf Seiten des Auftraggebers, weil dieser im Wege einer ordnungsgemäßen, erschöpfenden und hinreichend genauen Leistungsbeschreibung die Bereitstellungspflicht hinsichtlich des ordnungsgemäß bebaubaren Grund und Bodens habe. Dadurch werde deutlich, dass insbesondere in rechtlicher Hinsicht der Auftraggeber grundsätzlich das Risiko für die maßgebenden Boden- und Wasserverhältnisse trage[86].

Darüber hinaus sei die Verwirklichung des Baugrundrisikos ein „unabwendbarer Umstand" für den Auftragnehmer i. S. der §§ 7 Nr. 1, 6 Nr. 2 Abs. 1 lit. c) VOB/B. Daraus sei die Risikobelastung des Auftraggebers zu folgern[87].

---

83 Vgl. Beck-Kommentar: *Rüßmann*, Teil B, 1997, § 7 Rn. 26; Nicklisch/Weick: *Weick*, VOB, 2001, § 7 Rn. 16; *Englert/Grauvogl/Maurer*, Handbuch, 2004, Rn. 939 f.; Ingenstau/Korbion: *Keldungs*, VOB, 2004, VOB/B § 2 Nr. 1 Rn. 10; Kleine-Möller/Merl/Oelmaier: *Kleine-Möller*, Handbuch, 2005, § 10 Rn. 327; *Marbach*, BauR 1994, 177 ff.; *von Craushaar*, FS Locher, 1990, S. 19 f.; Nicklisch/Weick: *Nicklisch*, VOB, 2001, Einl §§ 4-13 Rn. 72; *Nicklisch*, BB 1991, Beilage 20, S. 8; *Lange*, Baugrundhaftung, 1997, S. 19; *Ax/von Amsberg/Schneider*, (Bau)Leistungen, 2003, S. 150 f. A. A: Staudinger: *Peters*, BGB, Bd. II, 2003, § 632 Rn. 30; *Peters*, BauR 1998, 217.

84 Vgl. *Englert/Grauvogl/Maurer*, Handbuch, 2004, Rn. 941 m. w. N.

85 *Lange*, Baugrundhaftung, 1997, S. 19 f.

86 *Englert/Grauvogl/Maurer*, Handbuch, 2004, Rn. 941; vgl. auch Ingenstau/Korbion: *Kratzenberg*, VOB, 2004, VOB/A § 9 Rn. 54; *Schelle*, Hoch- und Tiefbau 1/85, S. 32.

87 *Englert/Grauvogl/Maurer*, Handbuch, 2004, Rn. 943.

Daneben gebe es in der VOB/C zahlreiche Risikozuweisungen des Baugrundrisikos an den Bauherrn[88]. Diese beispielhaft aufgeführten Risikozuweisungen ergäben eine rechtliche Entscheidung zugunsten des Auftragnehmers, sobald und solange sich Gefahren aus dem Baugrund ohne sein Zutun (oder Unterlassen) verwirklichten[89].

Teilweise wird angeführt, die Risikoverteilung zu Lasten des Auftraggebers beruhe letztlich darauf, dass der Boden in der Regel Eigentum des Auftraggebers, zumindest aber vom Auftraggeber dem Unternehmer „zur Verfügung zu stellen" sei[90]. Auch wird damit argumentiert, die einen Mangel verursachenden negativen Bodenverhältnisse seien Teil des „allgemeinen Lebensrisikos", das derjenige zu tragen habe, der sich an die Verwirklichung eines Bauwerks mache[91].

Schließlich finden sich zur Begründung der Zuweisung des Baugrundrisikos an den Auftraggeber auch reine Praktikabilitätserwägungen: Müsste der Auftragnehmer das Baugrundrisiko tragen, wäre er im eigenen Interesse gehalten, bereits im Angebotsstadium eine möglichst umfassende Baugrunduntersuchung durchzuführen.

Bei mehreren potentiellen Auftragnehmern würde dies zu Mehrfachuntersuchungen führen, was praxisfremd und wirtschaftlich unsinnig sei[92]. Zudem erfordere die Erstellung eines Bodengutachtens, dem oftmals zeitaufwendige Baugrunduntersuchungen vorausgingen, einen zeitlichen Vorlauf, der im Rahmen von Ausschreibungen und den dabei in der Praxis meist knapp gesetzten Fristen vom Anbieter nicht erwartet und regelmäßig auch nicht erbracht werden könne. Der Bauherr hingegen benötige die „Grund-Daten" seines Bauwerks in jedem Falle und möglichst ausführlich schon im Rahmen der Überlegung, ob er überhaupt ein (Tief-) Bauwerk errichten wolle. Der Auftraggeber sei damit nicht nur „eher", sondern auch „näher dran", so dass es gerechtfertigt erscheine, ihm auch das volle Risiko des Baugrundes aufzuerlegen[93].

---

88 *Lange*, Baugrundhaftung, 1997, S. 20. Eine Auflistung dieser Normen findet sich bei *Englert/Grauvogl/Maurer*, Handbuch, 2004, Rn. 944.

89 *Englert/Grauvogl/Maurer*, Handbuch, 2004, Rn. 944.

90 *Vygen/Schubert/Lang*, Bauverzögerung, 2002, Rn. 143; so auch *Heuchemer*, BB 1991, Beilage 20, S. 13.

91 *Motzke*, CTBR, Jahresband 2003, S. 22.

92 *Schelle*, Hoch- und Tiefbau 1/85, S. 32.

93 *Englert/Bauer*, Rechtsfragen, 1991, Rn. 122.

D. Eigene Auffassung

Viele der Baugrundrisiko-Fälle lassen sich bereits über Regelungen der VOB/C lösen. Diese sind als vertragliche Regelungen (§ 1 Nr. 1 Satz 2 VOB/B) vorrangig vor gesetzlichen Gefahrverteilungsnormen zu beachten. So besagt Abschnitt 3.3 der DIN 18299 (Allgemeine Regelungen für Bauarbeiten jeder Art), dass die aufgrund des Vorfindens von *Schadstoffen* im Boden (z. B. Kontaminationen) zu treffenden Maßnahmen für den Auftraggeber mehrvergütungspflichtig sind[94]. Abschnitt 3.5.3 der DIN 18300 (Erdarbeiten) legt fest, dass beim Auffinden *abweichender Bodenverhältnisse* gegenüber denjenigen der Leistungsbeschreibung (z. B. Fels anstatt Sand) die daraufhin zu treffenden Maßnahmen zu Mehrvergütungsansprüchen des Auftragnehmers führen[95]. Hier bedarf es also keiner Risikozuweisung über weitergehende Regelungen. Selbiges gilt beim Eingreifen sonstiger von den Parteien zum Baugrundrisiko getroffener Vertragsregelungen. Auch diese sind stets vorrangig zu beachten.

Außerhalb des Anwendungsbereiches dieser Vorschriften bzw. Regelungen ist der Literatur und Rechtsprechung im Ergebnis zu folgen. Die zutreffende dogmatische Herleitung des Ergebnisses ist jedoch weder alleine in § 2 Nr. 6 VOB/B zu sehen – so aber teilweise die Rechtsprechung –, noch isoliert in § 645 BGB – so z. T. die Literatur. Vielmehr ergeben sich Mehrvergütungsansprüche des Auftragnehmers erst aus dem Ineinandergreifen beider Klauseln:

Das bloße Vorhandensein von Leistungserschwernissen im Baugrund – z. B. das Vorfinden von Fels – innerhalb einer vertraglich geschuldeten Leistung – z. B. Erdaushub – berechtigt den Auftragnehmer noch nicht zu Ansprüchen auf Zusatzvergütung nach § 2 Nr. 5, 6 VOB/B[96]. Der Auftragnehmer schuldet im Rahmen der Erfolgshaftung grundsätzlich auch die Bauausführung unter erschwerten Bedingungen[97].

Aus der Zusammenschau des § 2 Nr. 6 VOB/B mit der Vorschrift des § 645 BGB ergibt sich jedoch die **gesetzliche Wertung**, dass derartige Leistungserschwernisse – Baugrund – nicht von der Erfolgshaftung des Auftragnehmers umfasst

94 Siehe dazu OLG Stuttgart, BauR 2004, 678: Kontaminationen.

95 Vgl. dazu *Putzier*, BauR 1989, 132.

96 So zutreffend OLG Hamm, NJW-RR 1994, 406; Ingenstau/Korbion: *Keldungs*, VOB, 2004, VOB/B § 2 Nr. 6 Rn. 9; *Kuß*, Verdingungsordnung für Bauleistungen, 2003, VOB/A § 9 Rn. 66. Ausdrücklich für den Baugrund: OLG Düsseldorf, BauR 2002, 1853.

97 So zurecht Staudinger: *Peters*, BGB, Bd. II, 2003, § 645 Rn. 12; *Kapellmann/Schiffers*, Vergütung, 2000, Bd. 2, Rn. 1501.

und deshalb als **zusätzliche**, über den Vertragsumfang hinausgehende **Leistungen** nach § 2 Nr. 6 VOB/B zu qualifizieren sind.

Nach § 645 Abs. 1 Satz 1 BGB kann der Unternehmer einen der geleisteten Arbeit entsprechenden Teil der Vergütung und Ersatz der in der Vergütung nicht inbegriffenen Auslagen verlangen, wenn das Werk vor der Abnahme infolge eines *Mangels* des von dem Besteller gelieferten *Stoffes untergegangen, verschlechtert* oder *unausführbar* geworden ist, ohne dass ein Umstand mitgewirkt hat, den der Unternehmer zu vertreten hat. § 645 BGB ist auch im Rahmen eines VOB-Vertrages anwendbar[98].

§ 645 BGB erfasst den Fall des Baugrundrisikos tatbestandlich zunächst nicht in direkter Anwendung. Denn § 645 BGB fordert ausweislich seiner Tatbestandsmerkmale die *körperliche Substanzbeeinträchtigung* des Werkes[99]. Bei der Thematik Baugrundrisiko aber geht es „lediglich" darum, dass die Herstellung des Werkes nur unter **erschwerten**, nicht vorhergesehenen Umständen möglich ist, die Auswirkungen auf die Bauzeit haben und die Baukosten erhöhen[100]. Eine Beschädigung der Werkleistung findet hier nicht statt. Die körperliche Substanz von Baugrubenarbeiten wird etwa durch das Vorfinden eines alten Kellergewölbes nicht beeinträchtigt. Es entstehen für den Auftragnehmer hier „lediglich" Mehrkosten durch **Leistungserschwernisse** – Ausbau und Entsorgung des Kellergewölbes.

Die Vorschrift beruht indes auf „Billigkeit" und ist einer entsprechenden Anwendung zugänglich[101]. Konkret folgt aus der Rechtsprechung, dass § 645 BGB analog angewandt werden kann, wenn dies nach der *Interessenlage* geboten ist. Wörtlich macht der BGH in seiner grundlegenden Entscheidung vom 30.11.1972 hierzu die folgenden Ausführungen[102]:

> *„Dem § 645 Abs. 1 Satz 1 BGB liegt, soweit Mängel des Stoffes in Frage stehen, folgender Gedanke zugrunde: Wenn es Sache des Bestellers ist, den Stoff für die Herstellung des Werkes zu liefern, dann muß er auch (in dem im Gesetz bestimmten Umfang) die Verantwortung dafür tragen, daß der Stoff zur Herstellung des Werkes tauglich ist, und zwar ohne Rücksicht auf etwaiges Verschulden. Der sich aus der Beschaffenheit des Stoffes ergebenden Gefahr für*

98 BGH, BauR 1997, 1021.

99 Kleine-Möller/Merl/Oelmaier: *Kleine-Möller*, Handbuch, 2005, § 10 Rn. 326.

100 Kleine-Möller/Merl/Oelmaier: *Kleine-Möller*, Handbuch, 2005, § 10 Rn. 326.

101 BGHZ 78, 352; so auch BGH, BauR 1981, 72; BGH, BauR 1997, 1019; vgl. auch BGHZ 40, 75.

102 BGHZ 60, 14.

das Gelingen des Werkes steht der Besteller, wenn er den Stoff zur Verfügung zu stellen hat, näher als der Unternehmer. Dabei ist der Begriff „Stoff" weit auszulegen; er umfasst alle Gegenstände, aus denen, an denen oder mit deren Hilfe das Werk herzustellen ist (...)".

Diese grundsätzlichen Ausführungen treffen auch die Interessenlage der Parteien bei der Verwirklichung des Baugrundrisikos. Es ist Sache des Auftraggebers, den Baugrund zwecks Ermöglichung der Bauproduktion zur Verfügung zu stellen. Hierfür hat er die Verantwortung ungeachtet eines Verschuldens zu tragen. Der Baugrund wird als „Stoff" i. S. des § 645 BGB qualifiziert[103]. Weicht der Aufbau des Baugrundes von den Vorstellungen der Parteien in tatsächlicher Hinsicht ab, so steht der Auftraggeber dieser Gefahr „näher". Er hat den Baugrund zur Verfügung gestellt und kann regelmäßig über eine weitaus längere Vorlaufzeit als der Auftragnehmer Erkundigungen über den Baugrund anstellen.

Die für § 645 BGB erforderliche Interessenlage ist somit auch vorliegend gegeben. Dann aber schließt die Tatsache alleine, dass keine Substanzbeeinträchtigung des Werkes, sondern „lediglich" eine Leistungserschwernis vorliegt, eine entsprechende Anwendbarkeit des § 645 BGB nicht aus[104]. Für den Auftragnehmer macht die konkrete Art der Leistungsbeeinträchtigung – Beschädigung der körperlichen Werksubstanz oder „nur" Leistungserschwernis – wirtschaftlich keinen Unterschied. Wenn dies aber so ist, würde der Sinn und Zweck des § 645 BGB verfehlt, einen gerechten und billigen Interessenausgleich herbeizuführen[105], würde die Anwendbarkeit der Vorschrift formalistisch an die Art der Leistungsbeeinträchtigung anknüpfen.

Deshalb wird der Auftraggeber (auch) mit dem Risiko *erschwerter* Bauausführung entsprechend § 645 BGB belastet, wenn diese Erschwernis ihre Ursache in nicht vorhersehbaren Baugrundverhältnissen hat[106].

Nach der Risikoverteilung des § 645 BGB trägt damit grundsätzlich der Auftraggeber das „Unvorhersehbarkeitsrisiko"[107] des Baugrundes.

---

103 Siehe dazu die Nachweise in Fn. 29.

104 Vgl. BGH, NJW 1982, 1458 und OLG München, NJW-RR 1992, 348, wo § 645 BGB ebenfalls auf die Konstellation einer reinen Leistungserschwernis (politische Ereignisse bzw. Unmöglichkeit der Bereitstellung des Baugrundstücks) entsprechend angewandt wurde. A. A: Staudinger: *Peters*, BGB, 2003, § 645 Rn. 12.

105 BGH, BauR 1997, 1019.

106 Wie hier Kleine-Möller/Merl/Oelmaier: *Kleine-Möller*, Handbuch, 2005, § 10 Rn. 327.

107 *Kapellmann*, Jahrbuch Baurecht, 1999, S. 8.

Allerdings regelt die Rechtsfolgenseite des § 645 BGB – korrespondierend zum Tatbestand – lediglich die Vergütung für die ursprünglich erbrachte, dann aber beschädigte bzw. zerstörte Leistung selbst[108]. An einer beschädigten oder zerstörten ursprünglichen Leistung fehlt es jedoch im Fall der bloßen Leistungsbeeinträchtigung, weshalb sich ein Vergütungsanspruch für die Durchführung der Erschwernisleistungen auch nicht isoliert aus § 645 BGB (analog) ergibt. Zu § 645 BGB tritt vielmehr § 2 Nr. 6 VOB/B mit folgender Begründung als Anspruchsgrundlage hinzu:

Im Rahmen des § 7 VOB/B – also im Rahmen des mit § 645 BGB vergleichbaren Falles (Beeinträchtigung der Leistung durch höhere Gewalt etc.) – erhält der Auftragnehmer für die Erbringung der ursprünglichen, dann aber beschädigten oder zerstörten Leistung Vergütung nach § 7 VOB/B[109]. Dem entspricht die Rechtsfolge des § 645 BGB.

Ordnet der Auftraggeber im Rahmen des § 7 VOB/B die Wiederherstellung der Leistung an, so stellt dies für den Auftragnehmer aufgrund des **tatbestandlichen Vorliegens des § 7 VOB/B** – und damit letztlich aufgrund dessen Wertungen – eine **zusätzliche Leistung** nach § 2 Nr. 6 VOB/B dar[110]. **Leistungen**, die zur **Beseitigung** der in § 7 VOB/B zu Lasten des Auftraggebers verteilten **Risiken** erforderlich werden (Wiederherstellungsleistungen), sind daher aufgrund der Wertungen des § 7 VOB/B als zusätzliche Leistungen i. S. des § 2 Nr. 6 VOB/B zu qualifizieren.

Diesen Grundsätzen folgend ist es dogmatisch konsequent, aufgrund des beim Baugrundrisiko **tatbestandlich erfüllten § 645 BGB** die **Leistungen zur Beseitigung** vorgefundener **Erschwernisse** ebenfalls als **zusätzliche Leistungen** zu qualifizieren und daher einen Vergütungsanspruch nach § 2 Nr. 6 VOB/B zu gewähren[111]. Leistungen, die zur Beseitigung der in § 645 BGB zu Lasten des Auftraggebers verteilten Risiken erforderlich werden (Erschwernisleistungen), sind nach der Wertung des § 645 BGB – korrespondierend zu § 7 VOB/B – als zusätzliche Leistungen i. S. des § 2 Nr. 6 VOB/B zu qualifizieren.

---

108 *Acker/Garcia-Scholz*, BauR 2003, 1460.

109 Siehe zum konkreten Anspruchsinhalt: Nicklisch/Weick: *Weick*, VOB, 2001, § 7 Rn. 18 ff.

110 BGHZ 61, 144; so auch Ingenstau/Korbion: *Oppler*, VOB, 2004, VOB/B § 7 Nr. 1–3 Rn. 20; Franke/Kemper/Zanner/Grünhagen: *Zanner*, VOB, 2005, B § 7 Rn. 55; Heiermann/Riedl/Rusam: *Riedl*, VOB, 2004, B § 7 Rn. 15; Leinemann: *Schoofs*, VOB, 2005, § 7 Rn. 21; *Siegburg*, FS Korbion, 1986, S. 424; im Grundsatz ebenfalls zustimmend Nicklisch/Weick: *Weick*, VOB, 2001, § 7 Rn. 20; a. A.: *Acker/Garcia-Scholz*, BauR 2003, 1461; *Duffek*, BauR 1975, 22.

111 Wie hier: *Kapellmann/Schiffers*, Bd. 1, 2000, Rn. 150 und 712.

Beseitigt der Auftragnehmer etwa im Baugrund unerwartet vorgefundenen Fels auf eine entsprechende Anordnung des Auftraggebers hin, so steht ihm für diese Leistung ein Mehrvergütungsanspruch nach § 2 Nr. 6 VOB/B i. V. mit § 645 BGB zu.

Führt der Auftragnehmer die Leistungen eigenmächtig aus, ohne dass die Arbeiten vom Auftraggeber i. S. des § 2 Nr. 6 VOB/B „gefordert" wurden, so hat der Auftragnehmer Vergütungsansprüche (nur) nach Maßgabe des § 2 Nr. 8 VOB/B (i. V. mit § 645 BGB).

Im BGB-Vertrag, bei dem § 2 Nr. 6 VOB/B nicht anwendbar ist, erhält der Auftragnehmer für die Erbringung von Arbeiten zur Beseitigung von Baugrunderschwernissen Vergütung nach § 645 BGB i. V. mit § 632 Abs. 2 BGB – gleichsam die übliche Vergütung[112]. § 2 Nr. 6 VOB/B ist Ausdruck des im bürgerlichrechtlichen Werkvertragsrecht in § 632 BGB verankerten Grundsatzes, dass der Auftragnehmer für Zusatzleistungen auch ohne Vergütungsvereinbarung eine gesonderte Vergütung erhält[113]. Nach § 632 Abs. 1 BGB gilt eine Vergütung dann als stillschweigend vereinbart, wenn die Herstellung des Werkes den Umständen nach nur gegen eine Vergütung zu erwarten ist. Dies ist nach objektiven Kriterien zu beurteilen[114] und im Anwendungsbereich des § 645 BGB zu bejahen. Hier erhält der Auftragnehmer sogar für die ursprüngliche Leistung, die dann beschädigt oder zerstört wurde, und damit für eine unbrauchbare Leistung eine Vergütung. Dann muss er nach objektiven Gesichtspunkten erst recht für die wertschaffende Leistung, also die Wiederherstellungsleistung bzw. die Erschwernisleistung, eine Vergütung erhalten[115].

E. Abgrenzung und Folgerung für vorliegende Thematik

Hier ist das Thema Baugrundrisiko – wie bereits angesprochen – aus zwei Gründen relevant: Zum einen geht es darum, die vom Sachverhalt bzw. von der Gefahrenlage her ähnlich gelagerte Konstellation des Baugrundrisikos von derjenigen des Systemrisikos abzugrenzen. Zum anderen stellt das Baugrundrisiko bzw. dessen rechtliche Bewertung eine Vorfrage für die Lösung des Systemrisi-

---

112 I. E. ebenso *Siegburg*, FS Korbion, 1986, 423. Z.T wird auch § 631 Abs. 1 BGB als Anspruchsgrundlage herangezogen: *Acker/Garcia-Scholz*, BauR 2003, 1460 m.w.N.

113 Vgl. Ingenstau/Korbion: *Keldungs*, VOB, 2004, VOB/B § 2 Nr. 6 Rn. 1; *Falk/Maier*, Handbuch, 2003, Rn. 380.

114 MünchKomm: *Busche*, BGB, Bd. 4, 2005, § 632 Rn. 5.

115 Siehe zur „üblichen" Vergütung nach § 632 Abs. 2 BGB: BGH, NZBau 2001, 17.

kos dar. Aus der rechtlichen Einordnung des Baugrundrisikos lassen sich auch für das Systemrisiko Schlussfolgerungen unter dem übergeordneten Gesichtspunkt der Risikotragung für den Baugrund ziehen.

Im Einzelnen:

I. Abgrenzung Baugrundrisiko-Systemrisiko

Bei der Verwirklichung des Baugrundrisikos geht es um die Gefahr des Vorfindens eines abweichenden Boden**aufbaus.** Bei der Verwirklichung des Systemrisikos geht es nicht um die Gefahr des Bodenaufbaus. Dieser stellt sich so dar, wie vom Auftraggeber beschrieben bzw. von den Parteien vertraglich vorausgesetzt. Es geht hier vielmehr um die Gefahr erfolgsbeeinträchtigender, mechanischer Boden**reaktionen** im Zuge der Ausführung der Leistung oder danach.

In technischer Hinsicht kann einerseits auch von einem „geologischen" bzw. „archäologischen" Risikoanteil (Baugrundrisiko) und andererseits von einem „bodenmechanischen" Risikoanteil (Systemrisiko) gesprochen werden[116].

Vereinfacht dargestellt kann die Abgrenzung der Sachverhalte dahingehend umschrieben werden, dass es beim Baugrundrisiko um „Ungewißheiten **unter** der Erde"[117], beim Systemrisiko um Ungewissheiten beim Arbeiten **mit** der Erde geht.

Damit wird zugleich deutlich, dass der Sachverhalt des Systemrisikos gegenüber demjenigen des Baugrundrisikos einen wesentlich stärkeren Bezug zum technischen Arbeitsrisiko des Auftragnehmers aufweist (Erfolgshaftung). Deshalb sind die Sachverhalte auch nicht vollständig vergleichbar und einer gesonderten rechtlichen Würdigung zu unterziehen[118].

II. Folgerung für das Systemrisiko

Betrachtet man sich die vorstehende Rechtsprechung und Literatur zum Baugrundrisiko, so zeigt sich, dass allen Auffassungen im Ergebnis – trotz Unterschieden im Detail – die gleiche **zentrale Feststellung** zugrunde liegt: Der Auftragnehmer trägt nach den gesetzlichen Werkvertragsregelungen bzw. nach der VOB nicht das Risiko der nur begrenzten Erkundungsmöglichkeiten des

116 *Gudehus*, Tagungsband, 2002, S. 23 ff.

117 So *Ganten*, BauR 2000, 644.

118 Siehe dazu unten 5. Kapitel.

Baugrundes. Dieses Risiko, welches sich aus der naturgegebenen Eigenheit des Baugrundes als zu bearbeitendem Baustoff ergibt, ist für den Auftragnehmer „unbeherrschbar und somit unvermeidbar“[119]. Eine zuverlässige Vorhersage der Struktur des Baugrundes ist auch mit den heutigen Techniken nur eingeschränkt möglich[120]. Die Folgen genau dieser Unwägbarkeiten des Baugrundes aber werden grundsätzlich dem Auftraggeber auferlegt. Der **Auftraggeber** trägt insoweit das **Unvorhersehbarkeitsrisiko** aus dem **Baugrund.**

Diese Risikobewertung für den Baugrundbereich schlägt auch auf die rechtliche Bewertung des Systemrisikos durch, wie noch an anderer Stelle aufzuzeigen sein wird[121].

---

119 *Lange*, Baugrundhaftung, 1997, S. 21; *Ax/von Amsberg/Schneider,* (Bau)Leistungen, 2003, S. 151.

120 *Lange*, Baugrundhaftung, 1997, S. 12.

121 Siehe dazu 5. Kapitel.

3. Kapitel: Darstellung der Literatur und Rechtsprechung zum Systemrisiko

In der Literatur existieren im Wesentlichen vier Auffassungen, die sich näher mit dem Systemrisiko befassen: diejenigen von *Englert, Kapellmann, Ganten* und *Grauvogl*. Die Auffassungen knüpfen jeweils an den von *Englert* herausgearbeiteten Begriff des Systemrisikos an und beleuchten damit – ausschließlich[122] – die Konstellation der schädigenden *Wechselwirkung* der Bautechnik mit dem Baugrund (vgl. einleitende Beispielsfälle 1 und 2).

A. Englert

Englert hat sich bislang am umfassendsten mit den juristischen Problemstellungen des Systemrisikos befasst[123]:

I. Definition und Anwendungsbereich des Begriffs Systemrisiko

Im Rahmen der Einführung in die Problemstellung wurde bereits dargelegt, welche Gefahrenlage *Englert* unter dem Schlagwort Systemrisiko zusammenfasst.

Er beschreibt damit eine dem (Tief-) Bauvorhaben eigene Gefahrenlage, vor die der Auftragnehmer gestellt ist: die Gefahr unvermeidlicher potentieller Schadenseintritte trotz bestmöglicher Ausführung einer geeigneten Bautechnik. Darüber hinaus stellt er einen juristischen Tatbestand des Systemrisikos auf, an dessen Vorliegen noch darzustellende Rechtsfolgen geknüpft sein sollen. Der Tatbestand des Systemrisikos soll namentlich dann erfüllt sein, wenn Mängel oder Schäden entstehen

- trotz technisch bestmöglicher Ausführung durch den Bauunternehmer,
- trotz Übereinstimmung der tatsächlichen Bodenverhältnisse mit den erwarteten bzw. mit den vertraglich vorausgesetzten (Abgrenzung zum Baugrundrisiko),

122 Vgl. zum weitergehenden Anwendungsbereich des Systemrisikos in der Rechtsprechung oben 1. Kapitel..

123 Mitteilungen TU Darmstadt, 35/1996, S. 209 ff.; BauR 1996, 763; FS von Craushaar, 1997, S 203; in: Wirth, Handbuch, 2005, S. 679 ff.; in: *Englert/Grauvogel/Maurer*, Handbuch, 2004, Rn. 988 ff.

– aufgrund naturwissenschaftlich nicht mit absoluter Sicherheit berechenbarer Wechselwirkungen des angewandten Bauverfahrens mit dem Baugrund.

Liegen diese Voraussetzungen kumulativ vor, so gelangt die Ansicht zu der nachstehenden Schlussfolgerung:

II. Ausnahme des Grundsatzes der Erfolgshaftung des Auftragnehmers

Bei der Verwirklichung des tatbestandlich so gefassten Systemrisikos soll eine Ausnahme des Grundsatzes der Erfolgshaftung des Auftragnehmers vorliegen[124].

Dies wird damit begründet, dass der Auftragnehmer für einen Mangel oder eine Vertragswidrigkeit nur dann einzustehen habe, wenn ihm dieser Mangel oder die Vertragswidrigkeit auch „zurechenbar" sei[125]. In der Zurechenbarkeit wird also ein „ungeschriebenes Negativmerkmal der Unternehmergewährleistung" gesehen[126]. Die Verwirklichung des einem Bauverfahren immanenten Systemrisikos sei jedoch aus den nachstehenden Gründen nicht dem Auftragnehmer, sondern dem Auftraggeber zuzurechnen, mit der rechtlichen Konsequenz, dass er auch die Folgen der Realisierung des Systemrisikos zu tragen habe:

1. § 7 Nr. 1 VOB/B

Nach § 7 Nr. 1 VOB/B hat der Auftragnehmer Anspruch auf Vergütung, wenn seine Leistung vor der Abnahme durch höhere Gewalt, Krieg Aufruhr oder andere objektiv „unabwendbare Umstände" beschädigt oder zerstört wird.

Systembedingte Erschwernisse bei der Bauausführung bedeuteten für den Auftragnehmer einen solchen „unabwendbaren Umstand" i. S. des § 7 Nr. 1 VOB/B, so dass der Auftraggeber danach das Systemrisiko zu tragen habe[127].

---

124 *Englert*, FS von Craushaar, 1997, S. 218.

125 FS von Craushaar, 1997, S. 213. Siehe zum Kriterium der Zurechenbarkeit Soergel *Teichmann*, BGB, 1997, Vor § 633 Rn. 26 u. 31; Ingenstau/Korbion: *Oppler*, VOB, 2004, VOB/B § 4 Nr. 7 Rn. 13–15; Heiermann/Riedl/Rusam: *Riedl*, VOB, 2004, B § 4 Rn. 82. *Motzke*, CTBR, Jahresband 2003, S. 40 ff. fordert für eine Zurechenbarkeit einen „Rechtswidrigkeitszusammenhang" zwischen der Leistungspflicht des Auftragnehmers und dem Misserfolg.

126 So *Ganten*, BauR 2000, 646.

127 *Englert*, FS von Craushaar, 1997, S 214.

2. § 9 Nr. 2 VOB/A

Nach § 9 Nr. 2 VOB/A darf der (öffentliche) Auftraggeber dem Auftragnehmer kein „ungewöhnliches Wagnis" für Umstände und Ereignisse aufbürden, auf die er keinen Einfluss hat und deren Einwirkung auf die Preise und Fristen er nicht im Voraus schätzen kann.

Englert sieht in § 9 Nr. 2 VOB/A das „Grundgesetz" der Leistungsbeschreibung. Er sieht die Vorschrift deshalb auch außerhalb der öffentlichen Auftragsvergabe als anwendbar an, mithin auch bei der privaten Vergabe.

Der Auftragnehmer habe keinen Einfluss auf die Reaktion des Baugrundes bei der Anwendung des beauftragten Bausystems. Die dadurch entstehenden Kosten und zeitlichen Behinderungen seien nicht abschätzbar, so dass das Systemrisiko für den Auftragnehmer ein „ungewöhnliches Wagnis" i. S. des § 9 Nr. 2 VOB/A darstelle[128].

3. Regelungen der VOB/C

Schließlich macht die Auffassung fruchtbar, dass zahlreiche Tiefbaunormen aus der VOB/C[129] solche Leistungen als „Besondere Leistungen" qualifizieren, die aufgrund Baugrunderschwernissen erforderlich werden. Als „Besondere Leistung" sind sie für den Auftraggeber nach der Systematik der VOB/C mehrvergütungspflichtig[130].

Die Regelungen ordneten eine Vergütungspflicht des Auftraggebers im Falle der Verwirklichung der einem Bausystem immanenten Gefahr an. Aus dem „Zusammenhang" der Regelungen ergebe sich, dass der Auftraggeber damit auch generell das Systemrisiko trage. Da die Regelungen der VOB Teil C Vertragsregelungen seien, beruhe die Verlagerung des Systemrisikos auf den Auftraggeber letztlich auf der vertraglichen Abrede der Bauvertragsparteien[131].

---

128 *Englert*, FS von Craushaar, 1997, S 213.

129 U. a. DIN 18301 (Bohrarbeiten), Abschnitt 3.5; DIN 18319 (Rohrvortriebsarbeiten), Abschnitt 3.1.4; DIN 18309 (Einpressarbeiten), Abschnitt 3.1.3.

130 Siehe dazu *Falk/Maier*, Handbuch, 2003, Rn. 211 ff.

131 *Englert*, BauR 1996, 771.

III. Rechtsfolgen der Auffassung

Systembedingt auftretende Mängel des Gewerkes seien grundsätzlich auf Kosten des Auftraggebers zu beheben. Dies gelte – mangels Verschulden des Auftragnehmers – ebenso für eintretende Schäden, etwa an Nachbargebäuden[132].

Etwas anderes gelte nur dann, wenn der Auftragnehmer die ihm gegenüber dem Auftraggeber obliegende Aufklärungspflicht im Hinblick auf bestehende Systemrisiken verletzt habe. Eine Aufklärungspflicht bestehe jedoch nur gegenüber dem „Baulaien"[133].

B. Kapellmann

Kapellmann[134] hat zur Thematik Systemrisiko ebenfalls eine eigene Auffassung entwickelt:

I. Bestimmung des Bau-Solls für den Baugrund

Die Grundnorm zur Lösung derartiger Fälle sieht *Kapellmann* in § 645 BGB.

Ausgangspunkt sei, dass der vom Auftraggeber zur Verfügung gestellte Baugrund ein „Stoff" i. S. des § 645 BGB darstelle. Der Baugrund sei nach § 645 BGB mangelhaft, wenn eine Abweichung des vorgefundenen Baugrundes von der laut Vertrag vereinbarten und insoweit für den Auftragnehmer voraussehbaren Beschaffenheit vorliege. Dann habe der Auftragnehmer grundsätzlich Anspruch auf Mehrvergütung.

Die Ansicht hat zunächst zur Konsequenz, dass Mehrvergütungsansprüche des Auftragnehmers nicht in Betracht kommen, solange sich die Bodenbeschaffenheit so darstellt und im Zuge der Bauausführung auch unverändert so fortbesteht, wie vertraglich vereinbart sie und insoweit für den Auftragnehmer voraussehbar ist. Bei Identität der vertraglich vorausgesetzten mit den tatsächlich vorgefundenen Bodenverhältnissen sieht *Kapellmann* damit das Risiko, dass das Bauverfahren „aus welchen Gründen auch immer" nicht zum Erfolg führt, alleine

---

132 FS von Craushaar, 1997, S. 215.

133 FS von Craushaar, 1997, S. 216.

134 in: Jahrbuch Baurecht, 1999, S. 1 ff.; in: Beck-Kurz-Kommentare, 2003, VOB/B § 2 Rd. 39 ff; vgl. auch *Kapellmann/Schiffers*, Vergütung, Bd. 1, 2000, Rn. 707 ff. Diese Auffassung wird vollauf geteilt von *Ax/von Amsberg/Schneider*, (Bau)Leistungen, 2003, S. 166 ff.

beim Auftragnehmer angesiedelt. Das aus dem „Verfahren resultierende Zufallsrisiko" sei das typische Risiko des Auftragnehmers beim Werkvertrag. Dies gelte damit grundsätzlich auch für das Systemrisiko[135].

II. Ist-/Soll-Beschaffenheitsabweichung der Bodeneigenschaften

Im Ergebnis relativiert *Kapellmann* die so vorgenommene Risikoverteilung jedoch wieder weitgehend zu Lasten des Auftraggebers. Wie dargestellt, knüpft die Ansicht an die vertraglich vereinbarte und *insoweit* für den Auftragnehmer voraussehbare *Beschaffenheit des Baugrundes* an. Dies – und nur dies – stelle das vom Auftragnehmer zu bewältigende *„Beschaffenheits-Soll"* dar. Abweichungen vom „Beschaffenheits-Soll" ergäben Mehrvergütungsansprüche des Auftragnehmers.

Deshalb ist für diese Auffassung entscheidend, was unter „Beschaffenheits-Soll" des Baugrundes zu verstehen ist:

Unter *Beschaffenheit* des Bodens soll in Anknüpfung an die DIN 4020 Abschnitt 2 (Geotechnische Untersuchungen für bautechnische Zwecke) nicht nur der Zustand (Aufbau) des Bodens, sondern sollen auch dessen *„Eigenschaften"* (*Reaktionen*) bei der Anwendung einer Baugrundtechnik zu verstehen sein.

Das Beschaffenheits-*Soll* sei deshalb zu verstehen als „die Aussage des Vertrages dazu, welchen Aufbau und welche *Eigenschaften* des Baugrundes der Auftragnehmer erwarten (...), was er also insoweit seiner Verfahrensüberlegung und seiner Kalkulation zugrunde legen" dürfe[136].

Reagiere der Baugrund dann aber anders, als nach der Beschreibung des Auftraggebers vorauszusehen, habe der Boden im „Ist" eine Abweichung, da er nach der vertraglichen Beschreibung gerade nicht als „Ausreißer" reagiere[137]. Damit sei der „Ausreißer" des Bodens, der im Extremfall zu unvorhersehbaren Auswirkungen führe, nicht vertraglich voraussehbare Beschaffenheit des Baugrundes und damit entsprechend § 645 BGB Sache des Auftraggebers[138].

Praktisch weist *Kapellmann* das Systemrisiko damit dem Auftraggeber zu. Diese Fälle kennzeichnen sich gerade dadurch, dass der Baugrund im Einzelfall zu nicht erwarteten Reaktionen führt. Fehlen dann aber vertragliche Angaben des Auftraggebers zu solchen nachteiligen Bodenreaktionen – wie praktisch

135 Jahrbuch Baurecht, 1999, S. 42 Rn. 76 u. S. 25 Rn. 47 – unter Verweis auf BGH, BauR 1996, 703.

136 Jahrbuch Baurecht, 1999, S. 14 Rn. 25 [Hervorhebung d. d. Verfasser].

137 Jahrbuch Baurecht, 1999, S. 43 Rn. 77.

138 *Kapellmann*, Jahrbuch Baurecht, 1999, S. 8 Rn. 13.

immer –, ist es für den Auftragnehmer anhand der vertraglichen Baugrundbeschreibung des Auftraggebers auch nicht erkennbar, dass der Boden als „Ausreißer“ reagiert.

III. Rechtsfolgen der Auffassung

Vergütungsansprüche des Auftragnehmers bei Verwirklichung des Systemrisikos sollen sich ergeben wie folgt: Erschwernisleistungen des Auftragnehmers seien als geänderte oder zusätzliche Leistungen gem. § 2 Nr. 5 und 6 VOB/B zu qualifizieren. Bei Leistungserbringung ohne Anordnung des Auftraggebers bestehe ein Mehrvergütungsanspruch nach § 2 Nr. 8 VOB/B[139].

Sämtliche Ansprüche sollen unter dem Vorbehalt der Erfüllung der Voraussetzungen des § 4 Nr. 3 VOB/B bzw. § 645 Abs. 1 BGB analog stehen[140]. Der Auftragnehmer müsse also auf Bedenken gegen die Güte der vom Aufraggeber gelieferten Stoffe und damit auf Bedenken im Hinblick auf den zur Verfügung gestellten Baugrund hingewiesen haben.

C. Ganten

Ganten befürwortet für Systemrisiken eine Einschränkung des rechtsgeschäftlichen Erklärungswertes der Willenserklärung des Auftragnehmers:

I. „Risikowilligkeit“ des Auftragnehmers

Ausgehend von der Grundkonstellation, dass der Auftraggeber den Baugrund zur Verfügung stelle, das Bauverfahren im Leistungsverzeichnis vom Auftraggeber benannt, aber nicht bindend vorgeschrieben sei und es sich beim Auftragnehmer um ein Fachunternehmen im Spezialtiefbau handle, bildet *Ganten* folgende „Risikogruppen“:

- „Relative abwendbare“ Systemrisiken sollen grundsätzlich „bekannte“ und „nicht ganz so unwahrscheinliche, aber doch schwer erkennbare“ Risiken des Bauverfahrens sein.

139 *Kapellmann*. Jahrbuch Baurecht, 1999, S. 42 Rn. 76 mit S. 25 Rn. 48 (vgl. auch Rn. 23 und 64).

140 *Kapellmann*, Jahrbuch Baurecht, 1999, S. 23 Rn. 43.

- „Relative unabwendbare" Systemrisiken sollen grundsätzlich zwar „bekannte", aber „sehr fernliegende" Risiken des Bauverfahrens sein.
- „Absolute" Systemrisiken sollen Konstellationen sein, bei denen „eine Gefahrneigung [des Bauverfahrens] überhaupt nicht bekannt ist" und deshalb nicht gesehen werden kann[141].

Bei den beiden zuletzt genannten „Risikogruppen" („relative unabwendbare" und „absolute" Systemrisiken) soll der Auftraggeber das Risiko des Scheiterns des Bauverfahrens tragen. Im ersten Fall („relative abwendbare" Systemrisiken) dagegen soll es bei der Tragung des Risikos durch den Auftragnehmer verbleiben[142].

Im Gegensatz[143] zu den bisher dargestellten Ansichten sieht *Ganten* den Risikoübergang auf den Auftraggeber nicht als gesetzlich oder im Rahmen der VOB vorgegeben an. Er geht vielmehr davon aus, dass sich das Maß der vom Auftragnehmer vertraglich übernommenen Einstandspflicht danach bestimme, „wofür der Auftragnehmer nach dem beim Auftraggeber erweckten Vertrauen einstehen [wolle] und entsprechend gerade stehen" müsse. Es wird somit im Allgemeinen an die Auslegung der abgegebenen Willenserklärung, im Besonderen an die damit einhergehende „Risikobereitschaft" des Auftragnehmers angeknüpft. In diesem Rahmen übernehme der Auftragnehmer lediglich die „Einstandspflicht für vorausgesetzte gewerbliche Kenntnisse"[144].

Die dogmatische Konstruktion der Risikobegrenzung der Willenserklärung wird dabei in einer „stillschweigenden Übereinkunft" der Parteien gesehen.

Seien die Risiken eines Bauverfahrens danach zwar bekannt, aber sehr fernliegend („relativ unabwendbar") oder gar völlig unbekannt („absolut"), so sei der Auftragnehmer „im Zweifel" nicht bereit, auch im Hinblick auf diese Risiken eine „generelle Garantiezusage" bzw. eine „Ergebnisgarantie" zu geben. Lediglich im Rahmen nicht ganz unvorstellbarer Risiken („relativ abwendbar") verspreche der Auftragnehmer die insoweit uneingeschränkte Erreichung des Vertragszieles und erstrecke sich das Vertrauen des Auftraggebers auch darauf.

---

141 Ganten, BauR 2000, 645.

142 BauR 2000, 649 f.

143 *Kapellmann*, Jahrbuch Baurecht, 1999, S. 1 ff. knüpft zwar auch an die Willenserklärung des Auftragnehmers an, bemüht jedoch die gesetzliche Regelung des § 645 BGB analog als „Rahmen" des vom Auftragnehmer zu bewältigenden Beschaffenheits-Solls.

144 BauR 2000, 649 f. unter Verweis auf BGH, NJW 1956, 787 und *Hirte*, Berufshaftung, 1996, S. 608 f.

Sei unklar, ob ein Schaden aufgrund eines Systemfehlers oder auf reine „Baugrundtücken“ zurückzuführen sei, so komme eine Mitverantwortung des Auftraggebers für den Baugrund in Betracht. Die Abwägung erfolge nach § 254 BGB[145].

II. Rechtsfolgen der Auffassung

Soweit der Auftraggeber danach das Systemrisiko zu tragen hat, soll der Auftragnehmer einen Vergütungsanspruch für die notwendige Nachbearbeitung des Gewerkes haben. Eine Nachleistungspflicht des Auftragnehmers soll indes nicht „ohne weiteres“ bestehen[146].

D. Grauvogl

Grauvogl[147] sieht in Übereinstimmung mit *Kapellmann* die §§ 645 BGB, 13 Nr. 3 VOB/B als grundsätzlich geeignet an, dem Auftraggeber das Systemrisiko aufzuerlegen. Nach diesen Regelungen trage der Auftraggeber die Gefahr von Systemrisiken, wenn es sich um ein „nicht vorhersehbares, gänzlich unbekanntes“ Risiko gehandelt habe und die Ursache des Mangels oder des Schadens nicht aus der Ausführungstechnik, sondern aus der Reaktion des Baugrundes bei Anwendung der Bautechnik herrühre[148].

Im Übrigen – bei grundsätzlich bekannten Risiken – differenziert *Grauvogl* nach Vertragstypen: Liege ein „Globalpauschalvertrag“[149] vor, bei dem neben der Vergütungs- auch die Leistungsseite durch funktionale Beschreibung der Leistung pauschaliert sei und der Auftragnehmer zudem die Planung übernommen habe, komme eine Risikoverlagerung auf den Auftraggeber nicht in Betracht. In diesem Fall sei vom Auftragnehmer eine „komplette“ Bauleistung einschließlich aller

---

145 *Ganten*, BauR 2000, 650 f. unter Bezugnahme auf *Ganten*, Pflichtverletzung, 1974, S. 222 f.; *von Craushaar*, FS Locher, 1990, S. 15 f.; *Peters*, JZ 1995, 754.

146 *Ganten*, BauR 2000, 650.

147 NZBau 2002, 591 ff.

148 *Grauvogl*, NZBau 2002, 597.

149 Zu Einzelheiten dieses Vertragstyps siehe *Kapellmann/Schiffers*, Vergütung, Bd. 2, 2000, Rn. 6 ff.

Nebenleistungen zu erbringen[150]. Dagegen soll beim Einheitspreisvertrag und beim „Detailpauschalvertrag“[151] der Auftraggeber das Systemrisiko tragen[152].

E. Sonstige Literaturauffassungen

Im Schrifttum finden sich zur Thematik Systemrisiko neben den dargestellten Ansichten keine weitergehenden detaillierten Stellungnahmen. *Ganten* führt dies auf die „Neuheit des speziellen Problems“ zurück[153].

Zu benennen sind insoweit noch folgende Ansichten:

Schoofs[154] führt aus, das Systemrisiko „soll im Ergebnis der AG tragen“, was auch von *Kuß*[155] so gesehen wird.

Motzke[156] sieht das Systemrisiko als Teil des „allgemeinen Lebensrisikos“ dann beim Auftraggeber, wenn dessen Beherrschung nach den festgesellten vertraglichen Handlungspflichten keinem der Baubeteiligten oblag.

Marbach[157] behandelt Fälle unvorhersehbarer Reaktionen des Baugrundes – und damit wohl auch die Thematik Systemrisiko – als „Baugrundrisiko“ des Auftraggebers. Würde man dies anders sehen, so hätte dies für die Realisierung von Tiefbaumaßnahmen häufig zur Folge, dass zur Absicherung auch des Bauverfahrensrisikos bereits im Angebotsstadium aufwendige chemische oder mechanische Bodenuntersuchungen erfolgen müssten, um das Risiko auszuschließen. Dies sei aber von einem Bieter als potentiellen Auftragnehmer gerade nicht gefordert.

Oppler[158] will § 645 BGB entsprechend anwenden, wenn sich der Baugrund „infolge vom Auftragnehmer unvorhergesehener Umstände nicht für die Ausführung des in Auftrag gegebenen Bauwerks“ eignet. Welche Gründe für die Ungeeignetheit konkret vorliegen müssen, um zu einer entsprechenden Anwendung des § 645 BGB zu gelangen, ist der Auffassung nicht zu entnehmen. Es

---

150 *Grauvogl*, NZBau 2002, 596.

151 Zu Einzelheiten dieses Vertragstyps siehe *Kapellmann/Schiffers*, Vergütung, Bd. 2, 2000, Rn. 2 ff.

152 *Grauvogl*, NZBau 2002, 595 f.

153 *Ganten*, BauR 2000, 646.

154 in: Leinemann, VOB/B, 2005, § 2 Rn. 144.

155 in: Verdingungsordnung für Bauleistungen, 2002, VOB/A § 9 Rn. 72.

156 CTBR, Jahresband 2003, S. 18.

157 BauR 1994, 178.

158 in: Ingenstau/Korbion, VOB, 2004, VOB/B § 7 Rn. 12.

bleibt somit im Ergebnis fraglich, ob die Auffassung vorliegend eine Risikoverlagerung auf den Auftraggeber befürwortet.

Vygen[159] weist das „unvermeidbare Restrisiko" des Baugrundes dem Auftraggeber nach den §§ 644, 645 BGB zu. M. E. trifft *Vygen* damit jedoch keine Aussage zur Thematik Systemrisiko[160]. Er äußert sich vielmehr zum „echten Baugrundrisiko", also zu Restrisiken im Hinblick auf die Gefahr abweichender Boden*zustände*.

Kuffer[161] schließlich sieht die Lehre vom Systemrisiko in einem „unauflösbaren Konflikt" mit der gesetzlich begründeten Erfolgshaftung des Unternehmers.

F. Rechtsprechung

Noch unlängst gab es keine Rechtsprechung, die sich mit dem Systemrisiko ausdrücklich auseinander setzte[162]. Einschlägige Sachverhalte wurden unter Verweis auf das Arbeitsrisiko und damit auf die Erfolgshaftung des Auftragnehmers zu dessen Lasten entschieden[163]. Das Systemrisiko wurde nunmehr, wie bereits angesprochen, durch Urteil des OLG München vom 15.10.2003[164] aufgegriffen. Weitergehend wurde in diesem Urteil sogar von einer „Rechtsfigur des Systemrisikos" gesprochen und der Fall u. a. auf dieser Grundlage zu Lasten des Auftraggebers entschieden. Der dieser Entscheidung zugrunde liegende Sachverhalt wurde bereits als Beispielsfall 3[165] in diese Arbeit eingeführt. Darauf wird hier verwiesen.

---

159 in: Jahrbuch Baurecht, 1999, S. 54 f.

160 *Vygen* wird in diesem Zusammenhang aber von *Ganten*, BauR 2000, 647 zitiert.

161 in: CTBR, Jahresband 2004/2005, S. 67; ebenso: *Kemper*, in: Franke/Kemper/Zanner/Grünhagen, VOB, 2005, § 2 Rn. 135.

162 Vgl. aber OLG Düsseldorf, NJW-RR 1993, 1433: Der Auftraggeber schrieb dem Auftragnehmer für die Herstellung der Außenwände sog. „I-Steine" vor. Diese führten in Verbindung mit den Ausmaßen der Wandlängen zu Rissen. Das Gericht verneinte eine Gewährleistungspflicht des Auftragnehmers nach § 13 Nr. 3 VOB/B mit der Begründung, die Risse beruhten auf einem „*Systemfehler*", der den Steinen in Verbindung mit den Wandlängen anhafte. Im Unterschied zu vorliegenden Fällen waren die Risse dort jedoch vermeidbar. Es lag letztlich ein Planungsfehler vor. Planungsfehler aber haben mit der Thematik Systemrisiko nichts zu tun.

163 Vgl. OLG Stuttgart, BauR 1996, 631 sowie die Kommentierungen dazu von *Putzier*, Der unvermutete Mehraufwand, 1997, S. 40-42 und *Englert/Grauvogl/Maurer*, Handbuch, 2004, Rn. 999 u. 1010.

164 BauR 2004, 680.

165 Siehe dazu unter Kapitel 1.

Das OLG München bejahte zwar das Vorliegen eines Mangels. Durch den Leitungsverschluss der Entgasungsleitungen sei sowohl die vertraglich vorausgesetzte wie auch die gewöhnliche Gebrauchstauglichkeit der Bauleistung aufgehoben oder eingeschränkt (§ 13 Nr. 1 VOB/B). Der Auftragnehmer „hafte" für diesen Mangel jedoch nicht.

Dies wird vom OLG München durch zwei Begründungen gestützt:

Zum einen entfalle die Gewährleitungspflicht des Auftragnehmers nach § 13 Nr. 3 VOB/B. Man sei davon überzeugt, dass „bautechnisch bedingte Setzungen" im Müllkörper nicht als schädigende Ursachen in Betracht kämen. Die Setzungen seien vielmehr auf den biologischen Abbauprozess im Müllkörper – und damit auf den Müllkörper selbst – zurückzuführen. Damit gehe der Mangel auf einen vom Auftraggeber i. S. des § 13 Nr. 3 VOB/B gelieferten „Stoff", nämlich den Müllkörper, zurück. Der vom Auftraggeber gestellte Müllkörper sei einem Baugrund gleichzustellen. Für diesen sei es anerkannt, dass er als Stoff i. S. des § 13 Nr. 3 VOB/B zu qualifizieren sei. Deshalb seien die Voraussetzungen des § 13 Nr. 3 VOB/B erfüllt.

Zum anderen – und das ist das Neue an diesem Urteil – sei der Auftragnehmer auch nach § 13 Nr. 5 VOB/B nicht gewährleistungspflichtig. Der aufgetretene Mangel sei nicht auf eine „vertragswidrige"[166] Leistung des Auftragnehmers i. S. des § 13 Nr. 5 VOB/B zurückzuführen. Das aufgetretene Risiko – Setzung im Müllkörper – sei nicht Teil der Sachmängelhaftung des Auftragnehmers. Das Risiko sei „angesichts der dem Unternehmer nicht vorwerfbaren Unvorhersehbarkeit und fehlenden Beherrschbarkeit nicht zurechenbar (...) [und] nicht Vertragsinhalt". Die Einzelheiten der Zusammensetzung des Müllkörpers und die Folgen des Zerfallprozesses seien weder dem Planer noch dem Unternehmer bekannt. Dem Setzungsumstand könne bautechnisch somit nur „abstrakt/generell", nicht jedoch „konkret/individuell" Rechnung getragen werden. Ob dem Setzungsrisiko durch die konkrete Planung und Bauausführung ausreichend genügt worden sei, sei im Vorhinein völlig ungewiss, was mit der Konstellation des Baugrundrisikos vergleichbar sei. Dieses Risiko sei als ein „spezieller Fall des Baugrundrisikos" vom Auftraggeber zu tragen.

Als Kernsätze hält das OLG München fest:

> *„Dasvom dem Kläger [Auftraggeber] gewählte System enthält damit im Bereich der Kompensatoren ein* ***Systemrisiko****, das nicht zu Lasten der Beklagten [Auftragnehmer], sondern des Klägers geht. Wenn ein Unternehmer auch bei einem*

166 Siehe dazu *Falk/Maier*, Handbuch, 2003, Rn. 998, die insoweit auf „Verantwortungsbereiche" abstellen.

vom Auftraggeber vorgegebenen System nach den Regeln des Werkvertrages zur Erreichung des Erfolgs verpflichtet ist, kennt diese ***Erfolgsverpflichtung*** *in dem Umfang ihre* ***Grenzen****, als der* ***Erfolg von unbeherrschbaren Faktoren des vom Auftraggeber gestellten Stoffes abhängt*** *(Ganten in Freiburger Baurechtstage 1999, 62, 65; Englert BauR 1996, 763, 767). Die* ***Rechtsfigur des Systemrisikos*** *führt nicht generell zur Aufhebung der Erfolgsverpflichtung des Auftragnehmers. (...)"*[167].

Damit übernimmt das OLG München den von der Literatur in die juristische Diskussion eingeführten Begriff des Systemrisikos, erweitert ihn zu einer Rechtsfigur und macht u. a. diese Rechtsfigur zur Grundlage seiner Entscheidung.

167 Hervorhebungen d. d. Verfasser.

4. Kapitel: Auseinandersetzung mit der Literatur und Rechtsprechung

Das Schrifttum und die Rechtsprechung setzen sich mit den wechselseitig zum Systemrisiko vertretenen Auffassungen nicht vertieft auseinander. Daher ist es nunmehr erforderlich, sich mit den in der Literatur vorgebrachten Argumenten näher zu befassen. Selbiges gilt für die neue Rechtsprechung zum Systemrisiko.

A. Auseinandersetzung mit der Ansicht Englerts

Nach *Englert* erfolgt eine Zurechnung von Systemrisiken an den Auftraggeber über § 7 Nr. 1 VOB/B, § 9 Nr. 2 VOB/A und auf der Grundlage der Systematik der Regelungen der VOB/C[168].

I. § 7 Nr. 1 VOB/B

§ 7 Nr. 1 VOB/B gewährt dem Auftragnehmer einen Vergütungsanspruch nach § 6 Nr. 5 VOB/B für seine bereits ausgeführten Teile der Leistung, wenn die Leistung ganz oder teilweise vor der Abnahme durch höhere Gewalt, Krieg, Aufruhr oder andere objektiv „unabwendbare vom Auftragnehmer nicht zu vertretende Umstände" beschädigt oder zerstört wurde. Die Verwirklichung systembedingter Risiken eines Bauverfahrens soll einen „unabwendbaren Umstand" für den Auftragnehmer darstellen.

Ob dies zutrifft, ist durch Auslegung des § 7 Nr. 1 VOB/B zu ermitteln. Deshalb ist zunächst zu klären, nach welchen Grundsätzen eine Auslegung der VOB/B zu erfolgen hat.

Die VOB/B findet zwischen den Vertragsparteien nur dann Anwendung, wenn sie zwischen den Parteien vereinbart wurde[169]. Die Regelungen der VOB/B sind daher als Vertragsklauseln zu qualifizieren. Deshalb richtet sich die Auslegung grundsätzlich nach den §§ 133, 157 BGB[170]. Andererseits stellt die VOB/B „eine

168 Siehe 3. Kapitel A.

169 Statt aller Heiermann/Riedl/Rusam: *Riedl*, VOB, 2004, B § 1 Rn. 11.

170 Vgl. BGH, BauR 1996, 703.

fertig bereitgestellte Rechtsordnung"[171] dar und ist als Teil der „zivilen Rechtsordnung"[172] anzusehen, die durch Vereinbarung zwischen den Vertragsparteien für das konkrete Vertragsverhältnis als verbindlich angesehen wird. Deshalb ist es geboten und zulässig, die Auslegung von Bestimmungen der VOB/B (auch) mittels Kriterien der Gesetzesauslegung durchzuführen. Auch wenn die VOB/B unzweifelhaft weder Gesetz noch Rechtsverordnung darstellt[173], so steht sie einer gewöhnlichen Rechtsordnung nahe, so dass sich eine Auslegung nach Systematik und Teleologie[174] anbietet. Dies wird von der Rechtsprechung jedenfalls der Sache nach auch so gehandhabt[175].

1. Definition „unabwendbarer Umstand"

Nach der Rechtsprechung setzt der Begriff des unabwendbaren, vom Auftragnehmer nicht zu vertretenden Umstandes „Ereignisse voraus, die nach menschlicher Einsicht und Erfahrung in dem Sinne unvorhersehbar sind, daß sie oder ihre Auswirkungen trotz Anwendung wirtschaftlich erträglicher Mittel durch die äußerste nach der Sachlage zu erwartende Sorgfalt nicht verhütbar oder in ihren Wirkungen bis auf ein erträgliches Maß unschädlich zu machen sind"[176]. Dabei ist es nicht ausreichend, wenn der Umstand lediglich für den Auftragnehmer, nicht jedoch für den Auftraggeber unabwendbar war[177].

In Abgrenzung zum Begriff der höheren Gewalt i. S. des § 7 Nr. 1 VOB/B soll der Begriff des unabwendbaren Umstandes „nicht betriebsfremde" Ereignisse umfassen[178].

Diese Definition wird in der Literatur überwiegend befürwortet[179].

---

171 RG, DR 41, 1210, zitiert nach: Heiermann/Riedl/Rusam: *Riedl*, VOB, 2000, Einl. Rn. 3.

172 Heiermann/Riedl/Rusam: *Riedl*, VOB, 2000, Einl. Rn. 3.

173 BGH, ZfBR 2000, 27; Ingenstau-Korbion: *Vygen*, VOB, 2004, Einleitung Rn. 37.

174 Siehe zur Gesetzesauslegung: *Bydlinski*, Methodenlehre, 1991, S. 428 ff.

175 Vgl. nur BGH, BauR 1996, 703.

176 BGH, VersR 1962, 159, 160; BGH, NJW 1981, 391, 393; OLG Düsseldorf, BauR 2003, 1587, 1588.

177 BGH, BauR 1997, 1019.

178 BGHZ 136, 303, 306.

179 Ingenstau/Korbion: *Oppler*, VOB, 2004, VOB/B § 7 Nr. 1-3 Rn. 13; Franke/Kemper/Zanner/Grünhagen: *Zanner*, VOB, 2005, § 7 Rn. 36; Beck-Kommentar: *Rüßmann*, Teil B, 1997, § 7 Rn. 17. Weitergehend *Duffek*, BauR 1975, 22, der jede Handlung des Bestellers als unabwendbaren Umstand ansieht.

Ausgehend davon erscheint es zunächst vertretbar, die systembedingte Verwirklichung eines dem Bauverfahren immanenten Risikos als unabwendbar für den Bauunternehmer anzusehen. Mehr als ein generell geeignetes Bauverfahren den Regeln der Technik entsprechend anzuwenden und dabei die äußerste nach der Sachlage zu erwartende Sorgfalt walten zu lassen, kann der Auftragnehmer nicht leisten. Eine dennoch auftretende schädigende Reaktion des Bodens ist für den Auftragnehmer nicht vermeidbar und in ihren Wirkungen auch nicht unschädlich zu machen, da die Reaktion des Bodens nicht voll beherrschbar ist. Schließlich ist es für einen unabwendbaren Umstand ausreichend, dass es sich um ein Ereignis handelt, das nicht von außerhalb des (Bau-)Betriebes, also aus dem internen (Bau-) Betrieb herrührt.

Diese Begründung ist jedoch nur vordergründig stichhaltig und lässt wesentliche Aspekte des § 7 VOB/B außen vor:

2. Systematisch-teleologische Auslegung des § 7 VOB/B

§ 7 VOB/B regelt inhaltlich den vorzeitigen Übergang der Vergütungsgefahr auf den Auftraggeber, wenn die Leistung des Auftragnehmers vor der Abnahme durch die in § 7 Nr. 1 VOB/B beschriebenen Ereignisse beschädigt oder zerstört wird[180]. Der Gefahrübergang ist deshalb „vorzeitig", da der Auftragnehmer im Grundsatz die Gefahr bis zur Abnahme des Werkes trägt, §§ 644 Abs. 1 Satz 1 BGB, 12 Nr. 6 VOB/B[181]. Geht die Vergütungsgefahr auf den Auftraggeber nach § 7 VOB/B über, erhält der Auftragnehmer entgegen den allgemeinen Grundsätzen eine Vergütung für die bereits ausgeführte, dann aber beschädigte oder zerstörte Leistung.

Eine von der Systematik ähnlich gelagerte Regelung stellt § 645 BGB dar. Nach h. M. in der Literatur[182] und der Rechtsprechung[183] ist § 645 BGB auch im Rahmen eines VOB-Vertrages anwendbar. Damit kann der Anwendungsbereich des § 7 VOB/B und derjenige des § 645 BGB nicht deckungsgleich sein. Ansonsten wäre eine Anwendung des § 645 BGB im Rahmen eines VOB-Vertrages obsolet, da an seine Stelle ohne Weiteres § 7 VOB/B treten könnte.

---

180 Vgl. nur Kleine-Möller/Merl/Oelmaier: *Kleine-Möller*, Handbuch, 2005, § 10 Rn. 312. Nach *Rüßmann*, in: Beck-Kommentar, Teil B, 1997, Vor § 7 Rn. 8 soll die in § 7 VOB/B geregelte Gefahr eine „Sonderstellung" einnehmen.

181 OLG Düsseldorf, BauR 2003, 1587, 1588; Ingenstau/Korbion: *Oppler*, VOB, 2004, VOB/B § 7 Rn. 11.

182 Ingenstau/Korbion: *Oppler*, VOB, 2004, VOB/B § 7 Rn. 12; Nicklisch/Weick: *Weick*, VOB, 2001, § 7 Rn. 16.

183 BGH, BauR 1997, 1019.

Deshalb bedarf es einer Abgrenzung der Regelungsbereiche der §§ 7 VOB/B, 645 Abs. 1 Satz 1 BGB. Dabei darf nicht außer Acht gelassen werden, dass auch § 13 Nr. 3 VOB/B einen dem § 645 BGB angenäherten[184] Regelungsbereich hat. Auch § 13 Nr. 3 VOB/B enthält eine Aussage zu Mängeln, die aus der „Auftraggebersphäre" stammen.

Gemein ist den Regelungen der §§ 7, 13 Nr. 3 VOB/B, 645 BGB, dass alle voraussetzen, dass es zu Einflüssen auf die Werkleistung des Auftragnehmers kommen kann, die nicht durch den Auftragnehmer verursacht wurden oder durch ihn nicht beherrschbar sind.

Die „Risikonähe" der Parteien im Hinblick auf die in diesen Regelungen benannten Gefahren nimmt von den §§ 13 Nr. 3 VOB/B, 645 BGB hin zu § 7 VOB/B ab. § 13 Nr. 3 VOB/B regelt die Zurückführbarkeit eines Mangels etwa auf die Leistungsbeschreibung des Auftraggebers und benennt damit einen Einfluss, der evident aus der Risikosphäre des Auftraggebers stammt. Mängel, die auf vom Auftraggeber erteilte Anweisungen oder auf von diesem gelieferte Stoffe zurückzuführen sind (§ 645 BGB), sind ebenfalls der Risikosphäre des Auftraggebers zuzurechnen. § 7 VOB/B aber benennt Einflüsse wie höhere Gewalt, Krieg oder Aufruhr, die „wegen ihres (...) Zufallscharakters überhaupt **keine Parteizurechnung** mehr erlauben"[185]. Die Risikonähe der Parteien wird also von den §§ 13 Nr. 3 VOB/B, 645 BGB hin zu § 7 VOB/B „objektiver" und „zufälliger"[186]. Mit solchen von § 7 VOB/B angesprochenen Risiken aber haben Systemrisiken, die im Zusammenhang mit dem Herstellungsvorgang des Auftragnehmers stehen und deshalb eine Parteizurechnung erlauben, nichts zu tun. Hier ist vielmehr ausschließlich § 645 BGB einschlägig.

In diesem Sinne erfolgt auch eine Auslegung vorbenannter Vorschriften durch die Rechtsprechung[187]. Danach ist § 7 Nr. 1 VOB/B – in Abgrenzung zu § 645 BGB – seiner Regelungsfunktion nach nicht anwendbar, wenn die Schädigung „auf den Auftraggeber zurückzuführen" ist. Mit der Rückführbarkeit des Schadens auf den Auftraggeber ist nämlich eine Parteizurechnung möglich. Der Schaden ist damit nicht objektiv und zufällig, wie von § 7 Nr. 1 VOB/B vorausgesetzt. Solche Fälle werden nicht von § 7 Nr. 1 VOB/B, sondern allenfalls von § 645 BGB erfasst.

---

184 Vgl. dazu *Siegburg*, FS Korbion, 1986, S. 424 f.

185 So mit Recht *Ganten*, BauR 2000, 649 [Hervorhebung d. d. Verfasser]. Vgl. auch Nicklisch/Weick: *Weick*, VOB, 2001, § 7 Rn. 16.

186 *Ganten*, BauR 2000, 649.

187 BGH, BauR 1997, 1019; so auch BGH, BauR 1997, 1021. Darauf weist *Ganten*, BauR 2000, 649 (Fn. 41) zurecht hin. Vgl. auch *Kohler*, JZ 1998, 414. Bedenklich deshalb: OLG Köln, S/F/H § 7 VOB/B (1973) Nr. 2.

Dann aber stellt die Verwirklichung des Systemrisikos aus vorstehenden Gründen auch keinen unabwendbaren Umstand i. S. des § 7 Nr. 1 VOB/B dar[188].

II. § 9 Nr. 2 VOB/A

Die Vorschrift verbietet es dem (öffentlichen) Auftraggeber, dem Auftragnehmer ein „ungewöhnliches Wagnis" für Umstände und Ereignisse aufzubürden, auf die er keinen Einfluss hat und deren Einwirkung auf die Preise und Fristen er nicht im Voraus schätzen kann.

Englert sieht die Überbürdung des Systemrisikos auf den Auftragnehmer als ein ungewöhnliches Wagnis für den Auftragnehmer an[189].

Mit „ungewöhnliches Wagnis" i. S. des § 9 Nr. 2 VOB/A sind Risiken gemeint, die nicht dem „hergebrachten Bild der Bauleistung entsprechen"[190]. Ein ungewöhnliches Wagnis nach § 9 Nr. 2 VOB/A ist damit ein Risiko, das von der im Gesetz oder in der VOB vorgesehenen Risikoverteilung zwischen (öffentlichem) Auftraggeber und Auftragnehmer *abweicht*[191]. Sofern also der Auftragnehmer nach den vertraglichen Regelungen ein Risiko zu tragen hat, dass von der VOB oder den gesetzlichen Regeln des BGB ausdrücklich oder stillschweigend gedeckt bzw. gebilligt wird – etwa in Form der jeweiligen Gefahrtragungsregelungen –, wird ihm lediglich ein nicht von § 9 Nr. 2 VOB/A umfasstes „gewöhnliches" Risiko auferlegt[192]. Kommt es im Rahmen von „gewöhnlichen" Risiken – insbesondere solchen aus dem Baugrundbereich – zu wesentlichen Erschwernissen, können diese über die Regeln vom Wegfall der Geschäftsgrundlage abgefedert werden[193]. Hintergrund ist, dass die VOB/A keineswegs eine Besserstellung der

188 Ein Anwendungsbereich des unabwendbaren Umstandes i. S. des § 7 Nr. 1 VOB/B ist bei einem unverschuldet schädigenden Einfluss eines Drittunternehmers auf die Leistung des Auftragnehmers zu befürworten. Ist der schädigende Einfluss durch den Dritten nicht zu vertreten, scheitert eine Drittschadensliquidation zu Gunsten des Auftragnehmers mangels Verschulden des Dritten, vgl. zur Drittschadensliquidation: OLG Hamm, BauR 2002, 635. Dann liegt ein unabwendbarer Umstand vor: vgl. *Kniffka/Koeble*, Kompendium, 2004, 8. Teil Rn. 61.

189 Siehe 3. Kapitel A II. Ziff. 2.

190 Heiermann/Riedl/Rusam: *Heiermann*, VOB, 2004, A § 9 Rn. 14. Eingehend mit Beispielen aus der Rechtsprechung *Prieß*, NZBau 2004, 87 ff.

191 Beck-Kurz-Kommentare: *Kapellmann/Langen*, 2003, VOB/A § 9 Rn. 21.

192 Ingenstau/Korbion: *Kratzenberg*, VOB, 2004, VOB/A § 9 Rn. 29; vgl. Heiermann/Riedl/Rusam-*Heiermann*, VOB, 2004, A § 9 Rn. 14; Beck-Kommentar: *Hertwig*, Teil A, 2001, § 9 Rn. 27.

193 So *Prieß*, NZBau 2004, 89.

Vertragspartner will, als es sonst außerhalb der öffentlichen Auftragsvergabe der Fall sein würde[194].

Fehlen Vereinbarungen zwischen den Bauvertragsparteien zum Systemrisiko, so liegt keine vertragliche *Abweichung* der Risikoverteilung gemäß VOB oder BGB vor. Es wird vielmehr erst die Anwendbarkeit der jeweiligen Gefahr- bzw. Risikoverteilungsregelungen eröffnet, die je nach Lage des Falles das Risiko unter den Bauvertragsparteien verteilen[195]. Es ist somit nicht richtig, dass § 9 Nr. 2 VOB/A die Thematik Systemrisiko zu Lasten des Auftraggebers *regeln* würde.

Hinzu kommt, dass § 9 VOB/A nur gegenüber einem öffentlichen, nicht jedoch gegenüber einem privaten Auftraggeber gilt (vgl. § 97 Abs. 1, 6 GWB i. V. mit § 6 VgV sowie § 55 BHO und die entsprechenden Bestimmungen der Länder). Einen Grundsatz im Zivilrecht, wonach die Übernahme eines ungewöhnlichen Wagnisses i. S. des § 9 Nr. 2 VOB/A nicht gefordert werden darf, gibt es nicht[196]. Auch im Übrigen sind die Festlegungen des § 9 VOB/A nicht zu verallgemeinern. Im privatrechtlichen Auftragsverhältnis ist die Formulierung des Vertragsinhaltes gemäß den §§ 145 ff. BGB weder dem Auftraggeber noch dem Auftragnehmer zwingend zugewiesen. Deshalb lassen sich auch Beschreibungspflichten für den Baugrund analog § 9 Nr. 1, 3 VOB/A zu Lasten des Auftraggebers dogmatisch nicht begründen[197]. Rechtswirkungen des § 9 VOB/A im privaten Auftragsverhältnis scheiden daher von vornherein aus[198].

§ 9 Nr. 2 VOB/A gibt daher für das Systemrisiko insgesamt nichts her.

III. Regelungen der VOB/C

Schließlich sieht *Englert* aus dem Gesamtzusammenhang der VOB/C eine Zuweisung des Systemrisikos an den Auftraggeber[199].

---

194 Ingenstau/Korbion: *Kratzenberg*, VOB, 2004, VOB/A § 9 Rn. 29.

195 Siehe dazu 5. Kapitel.

196 *Quack*, BauR 2003, 26; BGH, BauR 1997, 126.

197 So zutreffend *Quack*, BauR 1998, 384; Beck-Kurz-Kommentare: *Kapellmann/Langen*, 2003, VOB/A § 9 Rn. 28; Beck-Kommentar: *Hertwig*, Teil A, 2001, § 9 Rn. 26; so wohl auch *Kapellmann/Schiffers*, Vergütung, Bd. 1, 2000, Rn. 725 u. 754; a. A. *Vygen*, FS Soergel, 1993, S. 279; *Marbach*, BauR 1994, 170; wohl auch Ingenstau/Korbion: *Kratzenberg*, VOB, 2004, VOB/A § 9 Rn. 28.

198 *Quack*, BauR 2003, 26 f. Zu vertragsrechtlichen Auswirkungen des § 9 Nr. 2 VOB/A im öffentlichen Auftragsverhältnis siehe: BGH, BauR 1994, 236 (Auslegung); Beck-Kurz-Kommentare: *Kapellmann/Langen*, 2003, VOB/A § 9 Rn. 27-29 (AGB).

199 Siehe 3. Kapitel A II Ziff. 3.

1. VOB/C als Regelungen für benannte Einzelfälle

Die VOB Teil C umfasst die DIN-Normen für die in der Baupraxis wichtigsten Gewerke. Auch wenn die VOB/C eine Zusammenfassung von DIN-Vorschriften darstellt, muss gesehen werden, dass es sich bei den Normen im Verhältnis der Bauvertragsparteien um Vertragsklauseln handelt. Die vom Teil C der VOB umfassten DIN-Vorschriften beanspruchen also keine automatische Geltung im Bauvertrag. Voraussetzung für die Geltung ist vielmehr die vertragliche Einbeziehung durch die Bauvertragsparteien[200]. Dies zeigt sich bereits an der Überschrift der VOB Teil C, die von „Allgemeine Technische *Vertrags*bedingungen für Bauleistungen" spricht.

Freilich besteht im Hinblick auf die vertragliche Einbeziehung dieser Regelungen doch ein gewisser „Automatismus", da § 1 Nr. 1 Satz 2 VOB/B die VOB/C als Bestandteil eines VOB/B-Vertrages festlegt. Damit gilt die VOB/C im Rahmen eines VOB/B-Vertrages regelmäßig als mit vereinbart, sofern die Parteien nicht ausdrücklich eine davon abweichende Regelung getroffen haben[201]. Insoweit ist *Englert* zuzustimmen, als es sich bei der VOB/C um Vertragsregelungen handelt.

Die in der VOB/C enthaltenen DIN-Vorschriften weisen den Risikosphären der Bauvertragsparteien typische Störungsumstände zu[202]. Dies gilt auch für die Tiefbaunormen der VOB/C. Es ist in technischer Hinsicht von vornherein bekannt, dass etwa bei der Ausführung von Rohrvortriebsarbeiten die „Gefahr von Verbrüchen, Ausfließen von Boden, Vortriebshebungen, Wassereinbrüchen, Schäden an Vortriebsrohren oder baulichen Anlagen und ähnliches" besteht (DIN 18319 Abschnitt 3.1.4). Deshalb regelt Abschnitt 3.1.4 der DIN 18319 vorausschauend eine – von den Vertragsparteien zu vereinbarende – Rechtsfolge für den Fall des tatsächlichen Eintritts einer solchen Gefahr. Abschnitt 3.1.4 der DIN 18319 legt insoweit fest, dass die vom Auftragnehmer zur Verhütung von Schäden „getroffenen sowie weitere Maßnahmen Besondere Leistungen (siehe Abschnitt 4.2.1)" sind, „soweit die Ursache nicht der Auftragnehmer zu vertreten

200 Statt aller Beck-Kommentar: *Vogel*, Teil C, 2003, Syst V. Rn. 19. Die Abrechnungsregelungen der VOB/C sind AGB: BGH, Urteil vom 17.06.2004 – VII ZR 75/03= IBR 2004, 487.

201 Die VOB/C unterliegt der Disposition der Vertragsparteien: vgl. Nicklisch/Weick: *Weick*, VOB, 2001, § 1 Rn. 12.

202 Beck-Kommentar: *Motzke*, Teil C, 2003, Syst III. Rn. 50.

hat (...)". Als „Besondere Leistungen" nach Abschnitt 4 der DIN 18319 sind die Maßnahmen für den Auftraggeber vergütungspflichtig[203].

Auch insoweit ist die Ansicht von *Englert* zutreffend: Der Auftraggeber trägt für den Eintritt der in der VOB/C zu Lasten des Auftraggebers geregelten Risiken die Gefahr[204]. Von Gefahrtragung kann in diesem Zusammenhang deshalb gesprochen werden, da Abschnitt 3.1.4 der DIN 18319 voraussetzt, dass der Auftragnehmer die gefahr- bzw. schadensauslösende Ursache nicht zu vertreten hat. Hat er sie zu vertreten, greift die Regelung nicht ein. Hat sie der Auftraggeber zu vertreten, so hat der Auftragnehmer regelmäßig Schadensersatzansprüche (vgl. § 6 Nr. 6 VOB/B) und es bedarf deshalb eines Rückgriffs auf die DIN-Vorschrift nicht. Ist die Ursache indes von keiner der Vertragsparteien zu vertreten, so greift Abschnitt 3.1.4 der DIN 18319 als vertragliche Gefahrverteilungsregelung ein.

Die DIN-Vorschriften der VOB/C treffen aber nur für „einzelne Fälle bei speziellen Bauleistungen"[205] Anordnungen, wonach der Auftraggeber in diesen speziellen Fällen die Gefahr (auch) für bestimmte Arbeitsrisiken zu tragen hat. Es wird also punktuell bei bekannt schadensträchtigen, regelmäßig technisch nicht voll beherrschbaren Bauleistungen eine Überbürdung des Risikos auf den Auftraggeber abweichend von den gesetzlichen Werkvertragsregelungen vorgenommen.

Sieht die VOB/C für ein aufgetretenes technisches Risiko eines Bauverfahrens eine Regelung vor, so ist diese Regelung für die Bauvertragsparteien aufgrund der vertraglichen Vereinbarung maßgeblich. Enthält die VOB/C indes keine Regelung, so muss der Konflikt nach allgemeinen Grundsätzen aufgelöst werden, also entweder unter Rückgriff auf die vertraglichen Regelungen im Übrigen (insbesondere VOB/B) oder unter Rückgriff auf die gesetzlichen Grundlagen.

Dass die VOB/C über ihren ausdrücklichen Regelungsbereich hinaus dem Auftraggeber auch generell die Gefahr der Verwirklichung systembedingter Risiken eines (Tief-) Bauverfahrens auferlegen soll, ist dogmatisch nicht zu begründen:

2. Vertraglicher Regelungsgehalt der Einbeziehung der VOB/C

Für die entgegenstehende Auffassung *Englerts* bieten sich grundsätzlich zwei dogmatische Begründungsmöglichkeiten: Entweder der Regelungsgehalt der VOB/C erstreckt sich von vornherein über seinen Wortlaut hinaus bereits auf

203 Gem. DIN 18299 Abschnitt 4.2 mit §§ 2 Nr. 5 und 6 VOB/B. Aus der Rechtsprechung: OLG Stuttgart, Urteil vom 30.01.2003 – 2 U 49/00= IBR 2003, 660.

204 Vgl. *Englert/Grauvogl/Maurer*, Handbuch, 2004, Rn. 1011.

205 *Kapellmann*, Jahrbuch Baurecht, 1999, S. 24 Rn. 46.

sämtliche vom Auftragnehmer nicht zu vertretende – systembedingte – Risiken von (Tief-) Bauverfahren, so dass dieser erweiterte Regelungsgehalt durch die vertragliche Einbeziehung der VOB/C Vertragsinhalt werden würde. Oder aber es kann im Wege einer ergänzenden Vertragsauslegung die Feststellung getroffen werden, dass die Parteien, hätten sie das Problem auftretender Systemrisiken bei Vertragsabschluss gesehen, dieses Risiko ebenfalls dem Auftraggeber aufgebürdet hätten, gleichsam in Fortschreibung des in der VOB/C angelegten Prinzips, wonach diese Risiken generell der Auftraggeber zu tragen habe.

Voraussetzung für die Annahme, dass die VOB/C über die von ihr ausdrücklich geregelten Fälle hinaus ein Prinzip einer allgemeinen Zuweisung von Systemrisiken an den Auftraggeber beinhalte – also Voraussetzung für die erste Begründungsmöglichkeit –, ist jedoch Folgendes: Um von einem übergreifenden allgemeinen Prinzip einer Risikozuweisung an den Auftraggeber sprechen zu können, müsste zumindest die VOB/C die ausdrücklich geregelten vergleichbaren Fälle durchgängig und ausnahmslos dem Auftraggeber zuweisen. Wenn selbst innerhalb der Regelungen der VOB/C dem Auftraggeber nicht ausnahmslos alle angesprochenen vergleichbaren Risiken auferlegt werden, es also innerhalb der VOB/C zu Differenzierungen und Abstufungen von Risikozuweisungen kommt, kann nicht davon ausgegangen werden, dass der Auftraggeber auch in der VOB/C nicht benannten Risiken von Bauverfahren zu tragen habe. Dann nämlich zeigt die VOB/C selbst, dass eine Risikozuweisung an den Auftraggeber nicht generell, sondern nur punktuell gelten soll.

Es ist jedoch festzustellen, dass es innerhalb der VOB/C keineswegs eine einheitliche oder durchgängige Risikoverlagerung auf den Auftraggeber gibt. Dort werden vergleichbare Fälle unterschiedlich behandelt. Dies wird beispielhaft an einem Vergleich der DIN 18301 (Bohrarbeiten) mit der DIN 18319 (Rohrvortriebsarbeiten) deutlich. Unterstellt, im Rahmen von Bohrarbeiten (DIN 18301) zur Grundwasserabsenkung sitzt das Bohrwerkzeug fest. Nach Abschnitt 3.4.2 der DIN 18301 bestimmt der Auftraggeber, „ob die Bohrung aufgegeben oder versetzt werden soll". Die dann zu treffenden Maßnahmen sind „Besondere Leistungen", also für den Auftraggeber vergütungspflichtig, so dass die DIN 18301 für diesen Fall in der Tat eine Risikoverlagerung auf den Auftraggeber vorsieht. Der vergleichbare Fall im Rahmen von Rohrvortriebsarbeiten (DIN 18319) wird jedoch anders geregelt. Sitzt nämlich bei Rohrvortriebsarbeiten das Bohrwerkzeug fest, so sieht die DIN 18319 gerade nicht vor, dass in diesem Fall zu treffende Maßnahmen „Besondere Leistungen" sind. Abschnitt 3.2.3 der DIN 18319 verlangt insoweit als weitere Anspruchsvoraussetzung das Antreffen von „unvermuteten Hindernissen". Ist das Steckenbleiben des Bohrwerkzeuges nicht auf unvermutete Hindernisse zurückzuführen, so trägt dieses sich aus dem Rohrvortriebsverfahren resultierende technische Risiko ausschließlich der Auftragnehmer.

Es werden somit innerhalb der VOB/C zwei vergleichbare (Tiefbau-) Fälle unterschiedlich geregelt. Nach der DIN 18301 trägt der Auftraggeber das Risiko des Festsitzens des Bohrwerkzeuges ohne Rücksicht auf das Vorliegen bestimmter Ursachen. Dieses Risiko trägt nach der DIN 18319 grundsätzlich der Auftragnehmer.

Damit wird deutlich, dass der Auftraggeber innerhalb der Konzeption der VOB/C nicht jedes sich aus der Anwendung eines Tiefbauverfahrens resultierende Risiko zu tragen hat, sondern eben nur ganz bestimmte und ausdrücklich benannte Gefahren. Wenn dies aber so ist, dann kann auch nicht davon ausgegangen werden, dass die VOB/C der geschriebene Teil eines ungeschriebenen Ganzen ist, wonach der Auftraggeber sämtliche, also auch die in der VOB/C nicht genannten Systemrisiken von Tiefbauverfahren zu tragen hat[206].

Damit ist zugleich dem zweiten dogmatischen Begründungsansatz die Grundlage entzogen. Wie bereits dargelegt, lässt sich auch an eine Vereinbarung der Bauvertragsparteien im Wege der ergänzenden Vertragsauslegung denken. Der Ansatz lautet dann, dass die Vertragsparteien in Fortschreibung eines in der VOB Teil C bereits angelegten Risikoverlagerungsprinzips sämtliche Systemrisiken von Tiefbauverfahren vertraglich auf den Auftraggeber verlagert hätten, hätten sie dieses Problem bei Vertragsabschluss bedacht (hypothetischer Parteiwille)[207]. Die Ermittlung eines solchen Parteiwillens in Fortschreibung der VOB/C würde jedoch ebenfalls voraussetzen, dass der VOB/C als Wertungsgesichtspunkt überhaupt eine einheitliche Risikoverlagerung zu Lasten des Auftraggebers entnommen werden kann. Nur dies würde den Schluss rechtfertigen, der Auftraggeber solle nach dem Parteiwillen generell Systemrisiken von Tiefbauverfahren tragen. Wie aber soeben aufgezeigt wurde, ist der VOB/C eine solche Wertung nicht zu entnehmen. Gewisse Anwendungsrisiken von Bauverfahren trägt danach zwar der Auftraggeber; gewisse Anwendungsrisiken verbleiben aber auch beim Auftragnehmer. Dann aber kann der Parteiwille auch nicht als „zwingende selbstverständliche Folge" fortgeschrieben werden, namentlich in Richtung einer generellen Verlagerung von Systemrisiken auf den Auftraggeber. In diesem Fall aber scheidet eine ergänzende Vertragsauslegung aus[208].

---

206 Wie hier *Kapellmann*, Jahrbuch Baurecht, 1999, S. 24 Rn. 46.

207 Vgl. zur ergänzenden Vertragsauslegung *Brox*, AT, 2004, Rn. 138 ff.

208 BGHZ 77, 301, 304.

Damit bietet die VOB/C keine Wertungsgrundlage, die den Schluss zulassen würde, die Bauvertragsparteien hätten Systemrisiken dem Auftraggeber zugewiesen, hätten sie diese Risiken bei Abschluss des Vertrages bedacht bzw. gekannt.

Aufgrund dessen weisen auch die Regelungen der VOB/C nicht generell dem Auftraggeber Systemrisiken zu.

B. Auseinandersetzung mit der Ansicht Kapellmanns

Nach dieser Auffassung darf der Auftragnehmer – gemessen am objektiven Empfängerhorizont – erwarten, dass er nur diejenigen Baugrundeigenschaften zu bewältigen hat, die für ihn auf der Grundlage der vom Auftraggeber vertraglich zur Verfügung gestellten Informationen zum Zustand und zu den Eigenschaften des Bodens erkennbar sind. Zu den vertraglich zu beschreibenden Eigenschaften des Bodens sollen auch mechanische *Reaktionen* des Baugrundes im Rahmen der Anwendung des Bauverfahrens zählen.

Danach wird dem Auftraggeber, bezogen auf die mechanischen Bodenreaktionen, eine Art „Garantiehaftung" auferlegt. Der Auftraggeber hat nämlich neben der Angabe des Bodenzustandes (Bodenaufbau) alle nur erdenklichen Reaktionen des Bodens zu beschreiben, die im Rahmen der Bauausführung auftreten können, und zwar auch solche, die nicht konkret vorhersehbar sind. Unterlässt er dies, sollen die Auswirkungen mangels Erkennbarkeit für den Auftragnehmer mit dem Auftraggeber anheim gehen.

Dass dies nicht richtig sein kann, zeigt sich an Folgendem:

I. Unzutreffende Bestimmung des Bau-Solls

Die Auffassung überspannt das schutzwürdige Vertrauen des Auftragnehmers in eine Baugrund-Beschreibungspflicht des Auftraggebers, wie sie § 9 Nr. 3 Abs. 3 VOB/A für den öffentlichen Auftraggeber vorsieht.

In mehreren Entscheidungen des BGH wird die Bedeutung des § 9 VOB/A im Rahmen der Auslegung einer Leistungsbeschreibung behandelt. Nach § 9 Nr. 2 VOB/A darf dem Auftragnehmer kein „ungewöhnliches Wagnis" aufgebürdet werden. Deshalb müsse sich ein der VOB/A unterliegender öffentlicher Auftraggeber auch daran festhalten lassen, dass er dem Auftragnehmer nach eigenem Bekunden kein ungewöhnliches Wagnis nach § 9 Nr. 2 VOB/A zumuten wolle. Ein ungewöhnliches Wagnis könne zwar ungeachtet § 9 Nr. 2 VOB/A Vertragsinhalt zwischen den Parteien werden. Im Zweifel müsse sich der

Auftraggeber aber gefallen lassen, dass Empfänger der Erklärungen des Auftraggebers ein ungewöhnliches Wagnis nach deren objektivem Verständnis nicht zu erwarten bräuchten und dass dies dann auch nicht Vertragsinhalt werde. Auslegungszweifel seien also zu Gunsten einer „VOB/A-konformen Vertragsauslegung"[209] zu lösen[210].

Die VOB/A gibt somit den Umfang, aber auch die Grenzen des schutzwürdigen Vertrauens eines Bieters im Rahmen einer öffentlichen Auftragsvergabe vor. Beinhaltet die VOB/A Verbote gerichtet an den Auftraggeber – z. B. keine Überbürdung eines ungewöhnlichen Wagnisses, § 9 Nr. 2 VOB/A –, so darf der Auftragnehmer auf dessen Beachtung grundsätzlich vertrauen. Beinhaltet die VOB/A indes Gebote gerichtet an den Auftraggeber – z. B. Beschreibungspflicht[211] der Bodenverhältnisse, § 9 Nr. 3 Abs. 3 VOB/A –, so kann auch schutzwürdiges Vertrauen beim Auftragnehmer über die Einhaltung des Gebotes hinaus ohne weitere Anhaltspunkte nicht entstehen.

Für die Beschreibung der Bodenverhältnisse bringt § 9 Nr. 3 Abs. 3 VOB/A zum Ausdruck, was ein Bieter von einem (öffentlichen) Auftraggeber insoweit erwarten darf. Nach § 9 Nr. 3 Abs. 3 VOB/A hat der Auftraggeber (nur) die für die Ausführung der Leistung wesentlichen Boden- und Wasserverhältnisse so zu beschreiben, dass der *Bewerber* ihre *Auswirkungen* auf die bauliche Anlage und die Bauausführung hinreichend *beurteilen* kann. Es obliegt dem öffentlichen Auftraggeber daher zwar die Darstellung und Mitteilung der wesentlichen Bodenverhältnisse, also die Mitteilung der sog. „Baugrundkenngrößen"[212]. Die Mitteilung jedoch, wie sich die Bodenverhältnisse auf die Bauausführung selbst auswirken (*Reaktion* des Baugrundes), ist ausweislich § 9 Nr. 3 Abs. 3 VOB/A keine Pflicht des Auftraggebers. Er genügt seiner Pflicht vielmehr, wenn er den Auftragnehmer in den Stand versetzt, dies selbst hinreichend beurteilen zu können.

---

209 Zu diesem Begriff: *Falk/Maier*, Handbuch, 2003, Rn. 325 ff; Beck-Kurz-Kommentare: *Kapellmann/Langen*, 2003, VOB/A § 9 Rn. 27.

210 BGH, BauR 1997, 126; BGH, BauR 1994, 236; vgl. auch BGH, BauR 1992, 759. Einschränkend *Quack*, BauR 2003, 29, wonach eine Auslegung nach der VOB/A nur „in Grenzfällen des Vertrauensschutzes" möglich sein soll.

211 Siehe *Lange*, Baugrundhaftung, 1997, S. 43 (Fn. 106) zur Streitfrage, ob es sich bei § 9 Nr. 3 Abs. 3, 4 VOB/A um eine Pflicht des Auftraggebers oder lediglich um eine Obliegenheit handelt.

212 DIN 4020 Abschnitt 6.1.1.

Wenn dies aber so ist, dann kann und darf der Auftragnehmer auch nicht auf eine vertragliche Beschreibung des Auftraggebers bzgl. unbeherrschbarer Bodenreaktionen vertrauen.

Damit führt – entgegen *Kapellmann* – nicht jede vom Auftraggeber vertraglich nicht beschriebene schädigende Bodenreaktion zu einer Überschreitung des vertraglichen Bau-Solls.

Eine andere Frage ist es, ob das tatsächliche Ausbleiben solcher schädigender Bodenreaktionen zur Geschäftsgrundlage unter den Bauvertragsparteien erhoben wurde[213].

Für private Auftraggeber – außerhalb der öffentlichen Auftragsvergabe – kann im Ergebnis nichts anderes gelten. § 9 VOB/A soll nach der Rechtsprechung des BGH auch für einen privaten Auftraggeber Anhaltspunkte für den einer Leistungsbeschreibung zu gebenden Inhalt bieten[214]. In der Literatur wird daher vielfach die Ansicht vertreten, § 9 VOB/A sei das „Grundgesetz des gesamten Bauvertragsrechts"[215], eine „Generalklausel"[216], eine „allgemein gültige Ausschreibungsrichtlinie"[217] bzw. eine „Generalnorm"[218]. Bejaht man danach die Geltung des § 9 VOB/A auch im Rahmen der privaten Auftragsvergabe, so gelten die Ausführungen von soeben entsprechend. Verneint man richtigerweise, wie bereits an anderer Stelle dargestellt wurde, die Anwendbarkeit des § 9 VOB/A für den privaten Auftraggeber[219], so gibt es keinen ersichtlichen rechtlichen Ansatzpunkt, weshalb man den privaten Auftraggeber in diesem Kontext schlechter stellen sollte als den öffentlichen. Eine dem § 9 Nr. 3 Abs. 3 VOB/A entsprechende und den privaten Auftraggeber verpflichtende Beschreibungspflicht der Baugrund- und Wasserverhältnisse gibt es nicht. Deshalb kann beim Auftragnehmer auch kein schutzwürdiges Vertrauen dahingehend begründet werden, der private Auftraggeber wolle sich insoweit schlechter stellen, als der öffentliche Auftraggeber durch § 9 Nr. 3 VOB/A gestellt ist.

---

213 Siehe dazu 5. Kapitel A II Ziff. 3.

214 BGH, VersR 1966, 488; vgl. auch *Vygen*, BauR 1992, 135.

215 *Vygen*, FS Soergel, 1993, S. 279.

216 *Dähne*, BauR 1999, 291.

217 *Ax/von Amsberg/Schneider*, (Bau)Leistungen, 2003, S. 148.

218 *Marbach*, BauR 1994, 170. Die Auswirkungen des § 9 VOB/A auf den privaten Auftraggeber sind streitig: *Falk/Maier*, Handbuch, 2003, Rn. 204.

219 Siehe 4. Kapitel A II.

Insgesamt überspannt die Ansicht *Kapellmanns* daher das schutzwürdige Vertrauen des Auftragnehmers in eine vertragliche Baugrundbeschreibungspflicht des Auftraggebers.

II. Widersprüche zu Regelungen der VOB/C

Weiter führt die Auffassung *Kapellmanns* dazu, dass zahlreiche Regelungen der VOB/C obsolet würden.

Wenn man, wie *Kapellmann*, eine Bau-Soll-/Bau-Ist-Abweichung schon dann annimmt, wenn der Baugrund tatsächlich anders reagiert, als es nach den vertraglichen Angaben des Auftraggebers vorauszusehen war, dann ist praktisch jede unerwartete und nicht beschriebene Bodenreaktion eine Überschreitung des Bau-Solls[220]. Dann aber wären die damit verbundenen Mehraufwendungen des Auftragnehmers immer zusätzliche Leistungen – da nicht geschuldet – und damit nach § 2 Nr. 6 VOB/B mehrvergütungspflichtig.

Nun gibt es aber in der VOB/C zahlreiche Tiefbauregelungen, die sich inhaltlich mit der Gefahr unerwarteter Bodenreaktionen befassen. Exemplarisch soll hierfür nochmals die bereits angesprochene DIN 18319 für Rohrvortriebsarbeiten angeführt werden. Dort ist in Abschnitt 3.1.4 geregelt:

„Ergibt sich während der Ausführung die Gefahr von Verbrüchen, Ausfließen von Boden (...), hat der Auftragnehmer unverzüglich die notwendigen Maßnahmen zur Verhütung von Schäden zu treffen und den Auftraggeber zu verständigen. Bereits eingetretene Schäden sind dem Auftraggeber unverzüglich anzuzeigen. (...) Soweit die Ursache der Auftragnehmer nicht zu vertreten hat, sind die getroffenen sowie die weiteren Maßnahmen Besondere Leistungen (siehe Abschnitt 4.2.1)".

Hier wird also für zusätzliche Leistungen des Auftragnehmers aufgrund unerwarteter Bodenreaktionen eine Vergütungspflicht des Auftraggebers *geregelt.* Die Vergütungspflicht folgt daraus, dass die vom Auftragnehmer zu erbringenden Maßnahmen als „Besondere Leistungen" qualifiziert werden. Als solche gehören sie nach der DIN 18299, Abschnitt 4.2 nicht zur vertraglich geschuldeten Leistung, sind also mehrvergütungspflichtig.

Diese von der DIN 18319 als vergütungspflichtig festgelegten Leistungen gehören aber in konsequenter Anwendung der Auffassung *Kapellmanns* bereits dann nicht zur vertraglich geschuldeten Leistung, wenn die jeweilige Bodenre-

---

220 So auch *Kapellmann* selbst: vgl. Jahrbuch Baurecht, 1999, S. 25 Rn. 47 und S. 43 Rn. 77.

aktion, wie etwa das Ausfließen des Bodens, nicht vom Auftraggeber vertraglich beschrieben wurde. Dies ist praktisch wohl ausnahmslos die Regel. In diesem Fall aber wäre die Regelung der DIN 18319 Abschnitt 3.1.4 obsolet. Denn wenn derartige Maßnahmen von vornherein nicht vertraglich geschuldet sind, braucht dies in der VOB/C nicht nochmals gesondert festgelegt zu werden.

Die Ansicht *Kapellmanns* führt letztlich also dazu, dass zahlreiche Regelungen der VOB/C sinnentlehrt wären. Auch dies zeigt, dass die Ansicht nicht richtig sein kann.

C. Auseinandersetzung mit der Ansicht Gantens

Nach *Ganten* übernimmt der Auftragnehmer bestimmte Systemrisiken nach rechtsgeschäftlichen Grundsätzen nicht, da seine Willenserklärung insoweit beschränkt abgegeben worden sei[221].

Für eine von *Ganten* unterstellte stillschweigende haftungsbegrenzende Übereinkunft bedarf es jedoch besonderer objektiver Anhaltspunkte[222]. Andernfalls würde der Grundsatz der unternehmerischen Erfolgshaftung praktisch ausgehöhlt[223], wonach der Auftragnehmer ein funktionales Erfolgsversprechen abgibt[224]. Für die Annahme von Risikoverlagerungen entgegen dem gesetzlichen Leitbild auf den Auftraggeber ist es damit erforderlich, dass der Auftraggeber Daten bzw. Fakten[225] setzt, die auf eine entsprechende rechtsgeschäftliche „Risikoübernahme" des Auftraggebers schließen lassen[226]. Fehlen diese – was regelmäßig der Fall ist –, so ist die Annahme einer stillschweigenden haftungsbegrenzenden Übereinkunft der Bauvertragsparteien eine unzulässige Fiktion.

Alleine die Tatsache, dass sich Risiken eines Bauvorhabens realisieren können, die der Auftragnehmer durch die bei ihm vorhandene gewerbliche Kenntnis nicht zu steuern vermag, schränkt die unternehmerische Erfolgshaftung daher entgegen *Ganten* nicht ein. Hierzu bedarf es des Vorliegens weiterer objektiver

---

221 Siehe 3. Kapitel C I.

222 Vgl. OLG Frankfurt, BauR 1983, 156, 159.

223 Nicklisch/Weick: *Nicklisch*, VOB, 2001, § 13 Rn. 46. In diesem Sinn auch *Motzke*, CTBR, Jahresband 2003, S. 36.

224 Vgl. BGH, BauR 2003, 236, 238.

225 Dazu *Nicklisch*, FS Bosch, 1976, S. 731 ff.; OLG Köln, Urteil vom 16.06.1997 – 16 U 98/96.

226 Vgl. Nicklisch/Weick: *Nicklisch*, VOB, 2001, § 13 Rn. 45 f.; OLG Frankfurt, BauR 1983, 156, 159.

Anhalspunkte, die auf einen entsprechenden Willensentschluss auch des Auftraggebers schließen lassen.

Eine rechtsgeschäftliche Risikobegrenzung durch das von *Ganten* herangezogene Kriterium der „vorausgesetzten gewerblichen Kenntnisse" kann auch aus einem weiteren Grund nicht richtig sein: Vereinbaren die Bauvertragsparteien die VOB/B „als Ganzes"[227], so wird Kraft vertraglicher Vereinbarung auch die Regelung des § 7 VOB/B Vertragsbestandteil. Dieser überbürdet dem Auftraggeber entgegen § 644 BGB die Gefahr für den Eintritt objektiv unabwendbarer Umstände. Bejaht man aber bereits eine stillschweigende Risikobegrenzung im Sinne *Gantens*, so macht die Einbeziehung des § 7 VOB/B durch die Bauvertragsparteien keinen Sinn. Die uneingeschränkte Erreichung des Vertragszieles kann ein Auftragnehmer gemessen an seiner gewerblichen Kenntnis in Ansehung der in § 7 VOB/B benannten Gefahren ebenfalls nicht garantieren. Auf höhere Gewalt, Krieg oder Aufruhr hat der Auftragnehmer ebenso wenig Einfluss wie auf die Realisierung von Systemrisiken. Eine stillschweigende Haftungsbegrenzung müsste sich daher konsequent auch auf die in § 7 VOB/B benannten Risiken erstrecken. Da der Auftragnehmer dann die von § 7 VOB/B erfassten Risiken ohnehin nicht zu tragen hätte, wäre die Vereinbarung des § 7 VOB/B durch die Bauvertragsparteien hinfällig. Es würde damit eine ausdrückliche Vereinbarung der Parteien – § 7 VOB/B – durch die Konstruktion einer stillschweigenden Übereinkunft der Parteien inhaltsentleert, was nicht richtig sein kann.

Schließlich kommt hinzu, dass die Auffassung mangels Abgrenzbarkeit der Fallkonstellationen praktisch nicht handhabbar ist[228]. Die Trennlinie von „nicht ganz so unwahrscheinlichen, aber doch schwer erkennbaren" Risiken – die der Auftragnehmer tragen soll – zu „sehr fernliegenden" Risiken – die der Auftraggeber tragen soll – ist praktisch nicht zu ziehen. Angesichts der sich diametral gegenüberstehenden Ergebnisse erscheint diese Rechtsunsicherheit jedoch nicht hinnehmbar.

D. Auseinandersetzung mit der Ansicht Grauvogls

Zutreffend an der Auffassung *Grauvogls* ist, dass der Auftragnehmer nicht diejenigen Risiken zu tragen hat, die ausschließlich aus dem Baugrundbereich herrühren (§§ 645 BGB, 13 Nr. 3 VOB/B)[229]. Insoweit wird sachadäquat differenziert,

---

227 Siehe dazu Beck-Kommentar: *Ganten*, Teil B, 1997, Einleitung II. Rn. 44 ff.

228 Worauf *Ganten* selbst hinweist: BauR 2000, 651.

229 Siehe dazu 5. Kapitel A.

wenn die *Ursachen* der schädigenden Ereignisse ins Blickfeld der Überlegungen gerückt werden.

Nicht gefolgt werden kann *Grauvogl* jedoch darin, die weitere Lösung der Thematik in einer Differenzierung nach Vertragstypen zu suchen. Diese Unterscheidung ist für die vorliegende Problematik sachinadäquat. Unabhängig davon, ob ein Globalpauschalvertrag, ein Detailpauschalvertrag oder aber ein Einheitspreisvertrag vorliegt, gilt Folgendes: Schädigende Ursachen des vom Auftraggeber zur Verfügung gestellten Stoffes (Baugrund) kann der Auftragnehmer dem Auftraggeber immer entgegenhalten – sofern der Auftragnehmer seinen Prüfungs- und Mitteilungspflichten gegenüber dem Auftraggeber nachgekommen ist. Auch durch Pauschalierung der Vergütungs- und/oder der Leistungsseite begibt sich der Auftragnehmer nicht dieses Einwandes. § 645 BGB oder § 13 Nr. 3 VOB/B werden durch Pauschalierungselemente nicht abbedungen.

Daher gibt eine Unterscheidung nach Vertragstypen vorliegend nichts her.

E. Auseinandersetzung mit der Rechtsprechung

Wie bereits angesprochen wurde, existiert lediglich ein Urteil (OLG München), das sich ausdrücklich mit der Thematik Systemrisiko befasst[230]. In diesem Urteil wird eine „Rechtsfigur des Systemrisikos" konstruiert.

Diesem Sachverhalt[231] ist Folgendes gemein mit den Sachverhalten, die von der Literatur im Zusammenhang mit dem Systemrisiko diskutiert werden: Der Erfolg der Leistung des Auftragnehmers ist abhängig von Faktoren eines vom Auftraggeber zur Verfügung gestellten Stoffes (Baugrund, Mülldeponie). Der konkrete Einfluss der Faktoren ist für den Auftragnehmer jeweils weder konkret voraussehbar noch beherrschbar, da die naturwissenschaftliche Vielschichtigkeit des Stoffes sichere Prognosen über dessen Auswirkungen nicht erlaubt.
Der von der Rechtsprechung entschiedene Fall weist jedoch eine tatsächliche Besonderheit auf. Hier lag die schädigende **Ursache ausschließlich** in dem vom Auftraggeber zur Verfügung gestellten **Stoff**. Dies ist bei den im Schrifttum diskutierten Sachverhalten anders. Dort ist die Beeinträchtigung des Erfolges jeweils auf mehrere Ursachen zurückzuführen, nämlich auf das schädigende Zusammenwirken der Bautechnik mit dem Baustoff (Wechselwirkung). Sowohl im Bei-

---

230 OLG München, BauR 2004, .680 mit Anmerkungen von *Englert*, Mitteilungen TU Darmstadt, 68/2004, S. 223 ff.

231 Siehe unter 1. Kapitel A.

spielsfall 1 als auch im Beispielsfall 2[232] wären die Setzungen des Baugrundes ohne die Einwirkung der Bautechnik nicht entstanden. Die Setzungen waren damit zumindest auch bautechnisch bedingt. Dies schloss das OLG München für den von ihm entschiedenen Sachverhalt gerade aus.

Aufgrund dessen hat das OLG München seine Entscheidung zu Lasten des Auftraggebers auch zu Recht auf § 13 Nr. 3 VOB/B gestützt. Diese Klausel regelt den Fall, dass die Leistung des Auftragnehmers aufgrund Umständen aus der Risikosphäre des Auftraggebers beeinträchtigt wird. Zur Risikosphäre des Auftraggebers zählt ausweislich § 13 Nr. 3 VOB/B auch ein von diesem gelieferter Stoff (Mülldeponie). Die Konsequenz ist, dass der Auftragnehmer von der Gewährleistung frei wird.

Nicht zu folgen ist dem OLG München jedoch insoweit, als es sein gefundenes Ergebnis zudem auf eine ungeschriebene Rechtsfigur des Systemrisikos – unter Berufung auf die Ansichten von *Ganten* und *Englert* – stützt:

Aus der Urteilsbegründung geht nicht mit hinreichender Deutlichkeit hervor, ob das OLG München die Auffassung vertritt, die Bewältigung von Systemrisiken würde nach der vom Gericht befürworteten Rechtsfigur nicht Vertragsinhalt – und das Gericht damit eher der Auffassung *Gantens* beipflichtet – oder das Gericht meint, die Realisierung solcher Risiken sei dem Auftragnehmer nicht zurechenbar – was dogmatisch der Ansicht *Englerts* entspricht. Beides findet sich in der Begründung des Urteils wieder[233]. Unabhängig von der vom OLG München vertretenen dogmatischen Konstruktion wurde bereits dargelegt, dass die Thematik Systemrisiko nicht über den von *Ganten* vertretenen rechtsgeschäftlichen Ansatz gelöst werden kann. Selbiges gilt für den Ansatz von *Englert*, der auf Zurechnungsgesichtspunkte abstellt. Dann aber kann eine Rechtsfigur auch nicht tauglich auf diesen Begründungen fußen.

Schließlich wurde vom OLG München auch keine Erforderlichkeit einer derartigen – ungeschriebenen – Rechtsfigur und damit die Notwendigkeit[234] einer richterlichen Rechtsfortbildung[235] dargetan.

---

232 Siehe unter 1. Kapitel A.

233 So wird ausgeführt, die „Wagnis [sei] (...) nicht Vertragsinhalt" geworden und die „Erfolgsverpflichtung [kenne] in dem Umfang ihre Grenzen (...)": OLG München, BauR 2004, 684. Andererseits wird ausgeführt, das aufgetretene Risiko sei „nicht zurechenbar", was der „Wertung der VOB/B wie auch der VOB/C" entspreche: OLG München, BauR 2004, 684 f.

234 Vgl. zur Zulässigkeit der richterlichen Rechtsfortbildung: *Kissel*, NJW 1982, 1780 f.; *Sendler*, NJW 1983, 1456 f.

235 Siehe dazu: MünchKomm: *Säcker*, BGB, Bd. 1, 2001, Einl. Rn. 60-62.

Damit ist als Ergebnis festzuhalten, dass das OLG München den Sachverhalt zutreffend unter Rückgriff auf § 13 Nr. 3 VOB/B entschieden hat. Die darüber hinausgehende Begründung des Ergebnisses unter Zuhilfenahme einer ungeschriebenen Rechtsfigur ist jedoch abzulehnen.

5. Kapitel: Vergütungs-, gewährleistungs- und haftungsrechtliche Ansprüche bei systembedingten Erfolgsbeeinträchtigungen oder Schädigungen

Die vorstehende Auseinandersetzung mit den Auffassungen der Literatur zum Systemrisiko hat gezeigt, dass diese Ansichten nicht geeignet sind, die Gesamtthematik befriedigend zu lösen.

Auch die Schaffung einer ungeschriebenen Rechtsfigur durch die Rechtsprechung ist weder erforderlich noch zielführend.

Vielmehr ist es – wie aufzuzeigen sein wird – notwendig, aber auch hinreichend, die für das Systemrisiko relevanten Sachverhalte in tatsächlicher Hinsicht zu gliedern, auf die vorhandenen dogmatischen Grundlagen zurückzuführen und vor diesem Hintergrund einer Lösung zuzuführen.

Dabei bietet sich eine Gliederung in **Ursache** und **Auswirkung** des schädigenden Ereignisses an:

Als mögliche schädigende Ursache kommt einerseits eine ausschließlich auf den vom Auftraggeber zur Verfügung gestellten Stoff zurückzuführende Ursache in Betracht (*monokausales* Ereignis). Andererseits kann die Schädigung auch erst auf das Zusammenwirken der Bautechnik mit dem vom Auftraggeber zur Verfügung gestellten Stoff zurückgehen (*multikausales* Ereignis).

Das schädigende Ereignis kann sich zudem im *eigenen Leistungsbereich* des Auftragnehmers niederschlagen, dort *vor der Abnahme* als Leistungsbeeinträchtigung oder *danach* als Mangel. Auch kann die Bauausführung zu *Nachbarschädigungen* führen.

A. Systembedingte Leistungsbeeinträchtigungen oder Mängel

I. Schädigende Ursache ist ausschließlich Stoff des Auftraggebers

Beeinträchtigungen an der Bauleistung des Auftragnehmers können dadurch auftreten, dass sich der vom Auftraggeber zur Verfügung gestellte Stoff – in technisch nicht beherrschbarer Weise – schädigend auswirkt, *ohne* dass die schädigenden Auswirkungen durch *bautechnische Ursachen* hervorgerufen wurden.

Ein Beispiel einer solchen Leistungsbeeinträchtigung ist etwa die Beschädigung der Leistung des Auftragnehmers durch Setzungen des auftraggeberseitigen Stoffes – entsprechend dem Beispielsfall 3 (Mülldeponie).

Für die Lösung dieser Fälle ergibt sich folgendes Bild:

1. Leistungsbeeinträchtigungen vor der Abnahme

Treten solche Störungen des Bauablaufes vor der Abnahme auf, so erhält der Auftragnehmer für die Erbringung der ursprünglichen, dann aber nachträglich beschädigten oder zerstörten Leistung eine Vergütung nach § 645 Abs. 1 BGB. Verlangt der Auftraggeber Nacherfüllung bzw. die Wiederherstellung der Leistung, so hat der Auftragnehmer Anspruch auf zusätzliche Vergütung nach § 645 BGB i. V. mit § 2 Nr. 6 VOB/B beim VOB-Vertrag und nach § 645 BGB i. V. mit § 632 BGB beim BGB-Vertrag. Entsprechendes gilt für die Durchführung von bloßen Erschwernisleistungen, ohne dass es zu einer Beschädigung der Leistung des Auftragnehmers gekommen ist:

§ 645 Abs. 1 BGB regelt den Fall, dass das vom Auftragnehmer bereits erstellte Werk infolge eines Mangels des von dem Besteller gelieferten Stoffs untergeht, verschlechtert oder unausführbar geworden ist.

Der Begriff des „Stoffes" ist weit auszulegen. Er umfasst alle Gegenstände, „aus denen, an denen oder mit deren Hilfe das Werk herzustellen ist"[236]. Als Stoff i. S. des § 645 Abs. 1 Satz 1 BGB ist beim Bauvertrag daher auch der Baugrund anzusehen, wie bereits an anderer Stelle ausgeführt wurde[237].

Ein vom Auftraggeber zur Verfügung gestellter Stoff ist dann als mangelhaft i. S. des § 645 Abs. 1 Satz 1 BGB zu qualifizieren, wenn er für die vertragsgemäße Herstellung des Werkes nicht ausreicht und dadurch den Untergang, die Ver-

236 BGHZ 60, 14; Soergel *Teichmann*, BGB, 1997, § 645 Rn. 4; RGRK-*Glanzmann*, Bd. II Teil 4, 1978, § 645 Rn. 2; Kleine-Möller/Merl/Oelmaier: *Kleine-Möller*, Handbuch, 2005, § 10 Rn. 309.

237 Siehe die Nachweise in Fn. 29.

schlechterung oder die Unausführbarkeit der Werkleistung bewirkt hat[238]. Nicht erforderlich ist es, dass der Stoff i. S. des § 633 BGB mangelhaft ist[239].

Führen (ausschließlich) technisch nicht beherrschbare Faktoren des vom Auftraggeber bereitgestellten Baugrundes zu Leistungsbeeinträchtigungen, so ist dies nach vorstehenden Grundsätzen auf einen Mangel des Stoffs i. S. des § 645 BGB zurückzuführen. Der Baugrund war dann für die vertragsgemäße Herstellung des Werkes nicht ausreichend. Damit sind Beeinträchtigungen auf einen Mangel des vom Auftraggeber gelieferten Stoffes i. S. des § 645 BGB zurückzuführen. Weiter darf gemäß § 645 Abs. 1 Satz 1 BGB kein Umstand mitgewirkt haben, den der Auftragnehmer zu vertreten hat. Ein Verschulden trifft den Auftragnehmer insbesondere dann, wenn er seiner Prüfungs- und Hinweispflicht bezogen auf die auszuführende Leistung nicht nachgekommen ist[240]. Eine Pflicht zu einer Bedenkenanmeldung gegenüber dem Auftraggeber entfällt jedoch, wenn die Vorgaben der Leistungsbeschreibung bzw. die Planungsvorgaben des Auftraggebers den anerkannten Regeln der Technik entsprechen[241]. Dies aber wird bei der Thematik Systemrisiko vorausgesetzt, da hier Mängel oder Schäden trotz bestmöglicher Technik auftreten. Die Prüfungs- und Hinweispflicht des Auftragnehmers wird daher bei der Verwirklichung von Systemrisiken regelmäßig keine Rolle spielen.

Kommt es damit zu einer *Beschädigung* oder *Zerstörung* der *Werkleistung selbst,* so erhält der Auftragnehmer Vergütung für die ursprüngliche, dann aber beschädigte oder zerstörte Leistung nach § 645 Abs. 1 BGB. Dies gilt gleichermaßen beim BGB-Vertrag wie beim VOB-Vertrag, da § 645 BGB auch im Rahmen eines VOB-Vertrages anwendbar ist und nicht etwa durch § 7 VOB/B verdrängt wird[242].

Zu Recht hat deshalb das OLG Naumburg den vorstehenden Grundsätzen entsprechend mit Urteil vom 18.03.2004[243] einem Auftragnehmer einen Vergütungsanspruch nach § 645 BGB zugesprochen, da dessen bereits abgeschlossene

---

238 Erman-*Schwenker*, BGB, 2004, § 645 Rn. 2.

239 MünchKomm: *Soergel*, BGB, Bd. 4, 1997, § 645 Rn. 5; vgl. auch Erman: *Schwenker*, BGB, 2004, § 645 Rn. 2. A. A. Soergel: *Teichmann*, BGB, 1997, § 645 Rn. 6; MünchKomm: *Busche*, BGB, Bd. 4, 2005, § 645 Rn. 7; *RGRK*-Glanzmann, BGB, Bd. II Teil 4, 1978, § 645 Rn. 2; wohl auch Palandt: *Sprau*, BGB, 2006, § 645 Rn. 7. Es geht hier jedoch nicht um einen Mangel i. S. des Gewährleistungsrechtes – insbesondere *vertragliche* Beschaffenheitsabweichungen –, weshalb der Rückgriff auf § 633 BGB verfehlt ist.

240 MünchKomm: *Busche*, BGB, Bd. 4, 2005, § 645 Rn. 10.

241 OLG München, BauR 2004, 680.

242 BGH, BauR 1997, 1019.

243 4 U 127/03= IBR 2004, 481.

Baugrund-Bohrleistungen vor Abnahme durch einen Bodeneinbruch wertlos wurden.

Art und Höhe der Vergütung nach § 645 BGB sind anhand der Grundsätze für erbrachte Leistungen im Rahmen eines gekündigten Werkvertrages (§ 649 Satz 2 BGB) zu berechnen[244].

Ordnet der Auftraggeber die *Wiedererrichtung* der beschädigten oder zerstörten Leistung an oder hat der Auftragnehmer sonstige baugrundbedingte *Erschwernisleistungen* durchzuführen, so erhält der Auftragnehmer diese Leistungen im Rahmen eines VOB-Vertrages nach § 645 BGB i. V. mit § 2 Nr. 6 VOB/B vergütet, entsprechend der rechtlichen Systematik beim korrespondierenden Fall des § 7 VOB/B[245]. Im Hinblick auf diese dogmatische Herleitung (§ 645 BGB i. V. mit § 2 Nr. 6 VOB/B) wird auf die hier übertragbaren Ausführungen zum Baugrundrisiko verwiesen[246].

Führt der Auftragnehmer die Leistungen eigenmächtig aus, ohne dass diese vom Auftraggeber i. S. des § 2 Nr. 6 VOB/B „gefordert" wurden, so kommen Ansprüche des Auftragnehmers nach Maßgabe des § 645 BGB i. V. mit § 2 Nr. 8 VOB/B in Betracht.

Im Ergebnis kann für einen BGB-Vertrag – bei dem § 2 Nr. 6 VOB/B nicht greift – nichts anderes gelten. An die Stelle des § 2 Nr. 6 VOB/B tritt hier § 632 BGB. Auch insoweit wird auf die Ausführungen zum Baugrundrisiko verwiesen[247].

2. Mängel nach der Abnahme

Treten systembedingte Mängel nach der Abnahme auf, so wird der Auftragnehmer für diejenigen Mängel von der Gewährleistung frei, die ausschließlich auf die vom Auftraggeber gelieferten Stoffe zurückzuführen sind. Dies ergibt sich im Rahmen eines VOB-Vertrages aus § 13 Nr. 3 VOB/B, im Rahmen eines bürgerlichrechtlichen Werkvertrages aus § 242 BGB:

Nach § 13 Nr. 3 VOB/B wird der Auftragnehmer von der Gewährleistung frei, wenn ein Mangel auf die vom Auftraggeber gelieferten oder vorgeschriebenen Stoffe zurückzuführen ist, sofern der Auftragnehmer seiner Pflicht zur Mitteilung von Bedenken nach § 4 Nr. 3 VOB/B nachgekommen ist. Auch bei

---

244 BGH, BauR 1999, 632. Dazu ausführlich *Kniffka*, Jahrbuch Baurecht, 2000, S. 1 ff.

245 BGHZ 61, 144.

246 Siehe dazu 2. Kapitel b.

247 Siehe dazu 2. Kapitel b.

§ 13 Nr. 3 VOB/B wird der Baugrund als „Stoff“ qualifiziert[248]. Sind bautechnische Ursachen für baugrundbedingte Mängel auszuschließen – wofür der Auftragnehmer die Beweislast trägt[249] –, so sind die Mängel auf den vom Auftraggeber gelieferten Baugrund als Stoff i. S. des § 13 Nr. 3 VOB/B zurückzuführen. Dies hat dann zur Konsequenz, dass der Auftragnehmer von der Gewährleistung frei wird[250].

Etwas anderes ergibt sich vorliegend auch nicht aus der einschränkenden Rechtsprechung des BGH zu § 13 Nr. 3 VOB/B. Danach soll § 13 Nr. 3 VOB/B dann nicht anwendbar sein, wenn der Auftraggeber die Verwendung „generell tauglicher“ (Bau-) Stoffe anordnet, die lediglich im Einzelfall zu Fehlern führen (sog. „Ausreißer“)[251]. Auf der Grundlage dieser Rechtsprechung könnte erwogen werden, bei vorliegenden Fällen den vom Auftraggeber zur Verfügung gestellten Baugrund als generell tauglichen Stoff zu werten, der dann lediglich im Einzelfall („Ausreißer“) zu Fehlern geführt habe. Dies stünde einer Anwendbarkeit des § 13 Nr. 3 VOB/B vermeintlich entgegen.

Eine solche Betrachtung wäre jedoch zu kurz gegriffen. Die vorstehende Rechtsprechung gilt ausdrücklich nur für den Fall, dass der Auftraggeber die Verwendung eines bestimmten Stoffes zwar anordnet – wie z. B. Steine des Fabrikats XY –, dem Auftragnehmer jedoch die Auswahl der konkreten Partie des Stoffes selbst überlässt. Nicht gilt die Einschränkung des § 13 Nr. 3 VOB/B dagegen für den Fall, dass der Auftraggeber über die Anordnung des Stoffes hinaus dem Auftragnehmer den Stoff selbst liefert bzw. zur Verfügung stellt[252]. In diesem Fall trägt er auch das Risiko von „Ausreißern“ dieser Stoffe, da er auch deren konkrete Auswahl selbst übernommen hat.

Überträgt man dies auf die vorliegende Konstellation, ergibt sich Folgendes: Stellt der Auftraggeber den Baugrund selbst zur Verfügung, so hat er diesen

248 OLG München, BauR 2004, 680; Beck-Kurz-Kommentare: *Weyer*, 2003, VOB/B § 13 Rn. 65 (Fn. 198).

249 *Siegburg*, Handbuch Gewährleistung, 2000, Rn. 1596; Ingenstau/Korbion: *Wirth*, VOB, 2004, VOB/B § 13 Nr. 3 Rn. 5.

250 OLG München, BauR 2004, 680; so wohl auch *Grauvogl*, NZBau 2002, 591; vgl. auch *Lange*, Baugrundhaftung, 1997, S. 137. Nach *Nicklisch*, in: Nicklisch/Weick, VOB, 2001, § 13 Rn. 48, soll bei der Auslegung des Merkmals „zurückzuführen“ auf den „Schutzzweck der Regelung“ abzustellen sein. Dies soll dazu führen, dass § 13 Nr. 3 VOB/B nur dann anwendbar ist, wenn von den vom Auftraggeber gesetzten Daten, Maßnahmen, gelieferten Stoffen etc. „zusätzliche Risiken“ ausgehen, die das unternehmerische Risiko erhöhen. Dagegen zu recht: *Jagenburg*, NJW 1982, 2415; *Kaiser*, Mängelhaftungsrecht, 1983, Rn. 128; Ingenstau/Korbion: *Wirth*, VOB, 2004, § 13 Nr. 3 Rn. 7 (Fn. 1).

251 BGH, BauR 1996, 702.

252 Dies wird in der Entscheidung BGH, BauR 1996, 702 deutlich hervorgehoben. Generell wie hier: *Falk/Maier*, Handbuch, 2003, Rn. 1129; Nicklisch/Weick: *Nicklisch*, VOB, 2001, § 13 Rn. 56.

i. S. des § 13 Nr. 3 VOB/B geliefert. Der Auftragnehmer hat dann nämlich keine Auswahlmöglichkeiten, auf welchem Baugrund das Werk errichtet werden soll. Dies hat nach der Rechtsprechung zur Konsequenz, dass der Auftraggeber, der die Auswahl des Baugrundes selbst übernommen hat, auch für „Ausreißer"-Reaktionen des Baugrundes nach § 13 Nr. 3 VOB/B einzustehen hat[253].
Damit ist § 13 Nr. 3 VOB/B anwendbar. Im Hinblick auf die dem Auftragnehmer nach § 4 Nr. 3 VOB/B obliegende Pflicht zur Anmeldung von Bedenken gegen die vorgesehene Art der Ausführung bzw. gegen die Güte des zur Verfügung gestellten Baugrundes gilt das zu § 645 BGB Gesagte entsprechend. Die in § 4 Nr. 3 VOB/B normierte Pflicht des Auftragnehmers wird also bei den hier relevanten Fällen regelmäßig keine Rolle spielen.

Das Werkvertragsrecht des BGB kennt eine dem § 13 Nr. 3 VOB/B entsprechende Regelung für die Zeit nach der Abnahme des Werkes nicht. Jedoch werden die in § 13 Nr. 3 VOB/B enthaltenen Prinzipien über § 242 BGB auch im Werkvertragsrecht zur Anwendung gebracht[254]. Der werkvertragliche Grundsatz der Risikoverlagerung aufgrund Anweisung oder sonstiger gleichgestellter Maßnahmen des Bestellers beruht letztlich auf dem Gedanken der „Trennung der beiderseitigen Risikobereiche"[255]. Deshalb wird der Auftragnehmer auch beim BGB-Vertrag nach § 242 BGB von der Gewährleistung frei.

II. Schädigende Ursache ist Zusammenwirken Bautechnik des Auftragnehmers und Stoff des Auftraggebers („gemischte Ursache")

Nunmehr gilt es die Fälle einzuordnen, bei denen die schädigende Ursache nicht ausschließlich in dem vom Auftraggeber zur Verfügung gestellten Stoff, sondern erst im Zusammenwirken mit der Bautechnik des Auftragnehmers zu erblicken ist.

Eine Unterscheidung in die Zeit vor und nach der Abnahme braucht hier nicht zu erfolgen. Kommt es zu schädigenden Wechselwirkungen des Baugrundes mit der angewandten Bautechnik, so treten diese denknotwendig während der Bauausführung und damit vor der Abnahme auf.

---

253 Vgl. Beck-Kommentar: *Englert*, Teil C, 2003, Syst VI. Rn. 26; *Englert/Grauvogl/Maurer*, Handbuch, 2004, Rn. 1020.

254 BGH, NJW 1996, 2372; *Siegburg*, Handbuch Gewährleistung, 2000, Rn. 1596; Ingenstau-Korbion: *Wirth*, VOB, 2004, § 13 Nr. 3 Rn. 10.

255 So Nicklisch/Weick: *Nicklisch*, VOB, 2001, § 13 Rn. 44 unter Verweis auf BGH, NJW 1977, 1967. Vgl. zum Gedanken der Trennung der Risikobereiche der Bauvertragsparteien auch § 6 Nr. 2 lit. a VOB/B.

Zur Illustration dieser Sachverhaltskonstellation wird an dieser Stelle auf den bereits angeführten Beispielsfall 1 verwiesen[256].

1. § 645 BGB analog?

Auch hier ist zunächst daran zu denken, die rechtliche Lösung über eine entsprechende Anwendung der Vorschrift des § 645 BGB zu suchen. Entscheidend für die Möglichkeit einer entsprechenden Anwendung des § 645 BGB ist jedoch, dass der Auftraggeber der Gefahr des Schadenseintritts „näher" gestanden haben muss als der Auftragnehmer[257].

Davon aber kann dann nicht gesprochen werden, wenn das schädigende Ereignis gerade auf das Zusammenwirken der Bautechnik mit dem Baugrund zurückzuführen ist. Dann sind auch bautechnische Ursachen für das schädigende Ereignis von Bedeutung. Die Anwendung der Bautechnik aber ist der Kernbereich der unternehmerischen Tätigkeit. Dies schlägt sich darin nieder, dass der Auftragnehmer das sog. Arbeitsrisiko trägt, also das Risiko des unverschuldeten Fehlgehens der Arbeitstechnik[258]. Sofern der Einsatz der Arbeitstechnik mitursächlich für Erschwernisse ist, kann nicht davon ausgegangen werden, dass der Auftraggeber alleine durch die Bereitstellung des Baugrundes der Gefahr unvermeidbarer schädigender Bodenreaktionen näher steht als der Auftragnehmer. Es ist dann eben auch die Einwirkung des Auftragnehmers, die letztlich den Schaden auslöst. Eine andere Bewertung ließe den Kernbereich der unternehmerischen Tätigkeit, nämlich die Anwendung der Arbeitstechnik, unangemessen in den Hintergrund treten.

Deshalb scheidet eine entsprechende Anwendung des § 645 BGB für diese Konstellation entgegen anderslautender Literaturauffassungen[259] aus.

---

256 Siehe 1. Kapitel A.

257 So ausdrücklich: BGHZ 78, 352, 357; BGH, BauR 1997, 1019, 1021; OLG Düsseldorf, BauR 2003, 1587, 1588; OLG Naumburg, Urteil v. 18.03.2004 – 4 U 127/03= IBR 2004, 481, wenngleich umgekehrt die „Gefahrennähe" alleine für eine entsprechende Anwendung des § 645 BGB nicht ausreicht: Staudinger: *Peters*, BGB, Bd. II, 2003, § 645 Rn. 29.

258 Vgl. OLG Stuttgart, BauR 1994, 631.

259 Vgl. dazu 3. Kapitel B.

2. Kostenbeteiligungspflicht des Auftraggebers nach den §§ 242, 254 BGB?

Nach der Rechtsprechung kann der Auftragnehmer dem Nacherfüllungsverlangen des Auftraggebers dessen „Mithaftung für verschuldete Folgen der ihm zuzurechnenden Vorgaben“ gemäß den §§ 242, 254 BGB entgegenhalten[260]. Im Ergebnis führt dies zu einer Kostenbeteiligung des Auftraggebers am erforderlichen Aufwand der Mängelbeseitigung entsprechend seiner Verursachungsquote[261]. Als „Vorgabe“ des Auftraggebers kann auch die Bereitstellung des Baugrundes angesehen werden[262].

Die von der Rechtsprechung judizierte Kostenbeteiligungspflicht des Auftraggebers betrifft zwar den Zeitpunkt nach der Abnahme des Werkes. Der dem Auftraggeber nach der Abnahme zustehende Nacherfüllungsanspruch (§ 635 BGB) ist jedoch sachlich weitgehend identisch mit dem Mängelbeseitigungsanspruch vor der Abnahme[263]. Deshalb gilt die Zuschusspflicht des Auftraggebers auch schon vor der Abnahme des Werkes[264].

Im Grundsatz wird eine Zuschusspflicht des Auftraggebers bei dessen schuldhafter Mitverantwortlichkeit für Mängel auch von der Literatur überwiegend bejaht[265].

Bei der Verwirklichung von Systemrisiken kann dem Auftraggeber jedoch nach diesen Grundsätzen keine Kostenbeteiligungspflicht auferlegt werden. Die Anwendbarkeit der §§ 242, 254 BGB auf den Nacherfüllungsanspruch des Auftraggebers ist an ein *Verschulden* des Auftraggebers geknüpft[266]. Deshalb ist ein schuldhaftes Handeln des Auftraggebers bzw. seiner Erfüllungsgehilfen – insbesondere des Architekten – erforderlich, um den Mitverursachungsanteil rechtlich über § 242 BGB in Form der Kostenbeteiligungspflicht zur Geltung bringen zu

---

260 BGHZ 90, 344; BGH, NJW 1992, 447; BGH, NJW 1984, 1676, 1678; vgl. auch BGH S/F Z 2.400 Bl. 41; BGH NJW 1987, 644, 645; BGH BB 1961, 430.

261 Vgl. *Kohler*, NJW 1993, 421; *Siegburg*, Handbuch Gewährleistung, 2000, Rn. 1475 ff.

262 Vgl. *Siegburg*, FS Korbion, 1986, S. 411.

263 Nach BGHZ 96, 111 kann insbesondere auch noch nach Abnahme die Neuherstellung geschuldet sein. Vgl. weiter *Kohler*, NJW 1993, 423.

264 So mit Recht Heiermann/Riedl/Rusam: *Riedl*, VOB, 2004, B § 4 Rd. 83 für den Mängelbeseitigungsanspruch des § 4 Nr. 7 VOB/B vor der Abnahme.

265 MünchKomm: *Busche*, BGB, Bd. 4, 2005, § 635 Rn. 18; Soergel *Teichmann*, BGB, 1997, Vor § 633 Rn. 30; *Falk/Maier*, Handbuch, VOB, Rn. 1114 und 1137; Heiermann/Riedel/Rusam *Riedl*, VOB, 2004, B § 4 Rn. 83 a; i. E. ebenso Ingenstau/Korbion: *Oppler*, VOB, 2004, VOB/B § 4 Nr. 7 Rn. 15.

266 *Siegburg*, Handbuch Gewährleistung, 2000, Rn. 1493; Beck-Kommentar: *Kohler*, Teil B, 1997, § 4 Nr. 7 Rn. 107 f. Vgl. weiter zur Problematik auftraggeberseitiger Mängelursachen *Motzke*, CTBR, Jahresband 2003, S. 17 ff.

können. An einem Verschulden des Auftraggebers aber fehlt es in der Konstellation des Systemrisikos. Den Auftraggeber trifft hier lediglich eine objektive Mitverantwortlichkeit (Baugrund).

Die Anwendbarkeit der §§ 242, 254 BGB scheidet damit aus.
Auch die von der Literatur zu Lasten des Auftraggebers im Übrigen vertretenen Lösungen sind dogmatisch nicht begründbar[267].

Schließlich greift auch § 642 Abs. 1 BGB zu Gunsten des Auftragnehmers nicht ein. Danach kann der Unternehmer eine angemessene Entschädigung verlangen, wenn bei der Herstellung des Werkes eine Handlung des Bestellers erforderlich ist, der Besteller durch das Unterlassen der Handlung jedoch in Annahmeverzug gerät. *Gross*[268] will diese Regelung analog anwenden auf alle Fälle der „objektiv mangelhaften Mitwirkung des Auftraggebers", etwa darauf, dass der Auftraggeber dem Auftragnehmer unverschuldet fehlerhafte Pläne zur Verfügung stellt. An eine in diesem Sinne objektiv mangelhafte Mitwirkung des Auftraggebers ließe sich zunächst auch hier denken. Der Auftraggeber stellt den Baugrund zur Ermöglichung der Bauproduktion zur Verfügung (Mitwirkung). Der Baugrund führt aber aufgrund seiner konkreten Beschaffenheit zu Leistungserschwernissen (objektive Fehlerhaftigkeit).

Unabhängig von der generellen Tragfähigkeit der Analogie von *Gross* kann sie jedenfalls vorliegend nicht greifen. Die Konstellation der Bereitstellung des Baugrundes wird vom Regelungsbereich des § 645 BGB erfasst („Stoff"). Dann aber kann nicht entgegen den Grundsätzen der systematischen Gesetzesauslegung über eine extensive Interpretation des § 642 BGB das über § 645 BGB gesetzlich nicht erreichbare Ergebnis herbeigeführt werden[269].

Es gibt also keine vertragliche (VOB) oder spezialgesetzliche Regelung (§§ 631 ff. BGB) zugunsten des Auftragnehmers, die für die Konstellation des schädigenden Zusammenwirkens des Baugrundes mit dem Bauverfahren einschlägig ist.

Es stellt jedoch eine anerkannte Einschränkung der Erfolgshaftung des Auftragnehmers dar, wenn sich nachträglich eintretende unerwartete Hindernisse

---

267 Siehe 4. Kapitel.

268 in: FS Korbion, 1986, S. 129.

269 I. E. wie hier: Beck-Kommentar: *Kohler*, Teil B, 1997, § 4 Nr. 7 Rn. 107. Zuletzt ist auch § 2 Nr. 6 VOB/B als Anspruchsgrundlage nicht einschlägig, wenn der Auftragnehmer – wie hier – „lediglich" Leistungserschwernisse im Rahmen einer vertraglich geschuldeten Leistung vorfindet: Ingenstau/Korbion: *Keldungs*, VOB, 2004, VOB/B § 2 Nr. 6 Rn. 9; *Kuß*, Verdingungsordnung für Bauleistungen, 2003, VOB/A § 9 Rn. 66.

als ein **Wegfall der Geschäftsgrundlage (§ 313 BGB)** herausstellen[270]. Dazu gehören auch unverhältnismäßige Mehrkosten von Bauleistungen im Rahmen unvorhergesehener technischer Erschwerungen[271].
In der möglichen und gebotenen Anwendbarkeit dieses Rechtsinstitutes – was nachfolgend aufzuzeigen ist – liegt auch der **Schwerpunkt** der **rechtlichen Bewertung** des **Systemrisikos.**

3. Wegfall der Geschäftsgrundlage (§ 313 BGB)

Durch das Gesetz zur Modernisierung des Schuldrechts vom 26.11.2001[272] wurde das Rechtsinstitut der „Störung der Geschäftsgrundlage"[273] in § 313 BGB kodifiziert[274]. Bis zum Inkrafttreten dieses Gesetzes waren die Grundsätze über den Wegfall der Geschäftsgrundlage trotz Streites über Einzelfragen ein in ständiger Rechtsprechung anerkanntes Rechtsinstitut, welches aus § 242 BGB hergeleitet wurde[275]. Das Schuldrechtsmodernisierungsgesetz ging aufgrund der „erheblichen Bedeutung"[276] dieser Rechtsgrundsätze für Praxis und Theorie des Schuldrechts davon aus, das Rechtsinstitut ausdrücklich im BGB verankern zu müssen. Dabei stimmt die kodifizierte Regelung weitgehend mit den bisher von der Rechtsprechung angewandten Grundsätzen überein[277].

a. Exkurs: Entwicklung der Geschäftsgrundlagenlehre

Eine der Geschäftsgrundlagenlehre wesenähnliche Doktrin wurde erstmals im Mittelalter – ohne Vorbild im römischen Recht – entwickelt: die *clausula rebus*

---

270 Staudinger: *Peters*, BGB, Bd. II, 2003, § 631 Rn. 13.

271 Jauernig *Vollkommer*, BGB, 2003, § 313 Rn. 17; *Prieß*, NZBau 2004, 87.

272 BGBl. I (2001), S. 3138. Im Nachfolgenden „Schuldrechtsmodernisierungsgesetzt" genannt.

273 So die amtliche Überschrift des § 313 BGB. Nachfolgend wird jedoch der in Rechtsprechung und Literatur feststehende Begriff des „Wegfalls der Geschäftsgrundlage" beibehalten.

274 Damit wurde quasi die gesetzgeberische Entscheidung von 1896/1900 korrigiert, dieses Rechtsinstitut nicht in das BGB aufzunehmen: vgl. BGH, NJW 1995, 1345, 1347; *Larenz*, Schuldrecht I, 1987, § 21 II S. 321.

275 Erman *Hohloch*, BGB, 2004, § 313 Rn. 2.

276 BT-Drs. 14/6040, S. 175.

277 BT-Drs. 14/6040, S. 175; Palandt: *Grüneberg*, BGB, 2006, § 313 Rn 1; MünchKomm: *Roth*, BGB, Bd. 2a, 2003, § 313 Rn. 1; Beck-Kurz-Kommentare: *Kapellmann*, 2003, VOB/B § 2 Rn. 277. Zu Abweichungen: MünchKomm: *Roth*, BGB, Bd. 2a, 2003, § 313 Rn. 2.

sic stantibus-Doktrin[278]. Aus dieser Doktrin wurde abgeleitet, dass die Bindung an den Vertrag entfalle, wenn eine grundlegende Änderung der bei Vertragsschluss vorliegenden besonderen oder allgemeinen Verhältnisse eintrete[279]. Das Allgemeine Landrecht für preußische Staaten hat versucht, diese Lehre zu kodifizieren (I 5 §§ 377-384)[280]. Die Lehre wurde jedoch bereits im jüngeren gemeinen Recht aufgegeben und schließlich nicht in das BGB übernommen, von einigen Einzelausprägungen abgesehen (§§ 321, 490, 519, 528, 530, 605, 775 Abs. 1 BGB)[281].

Die Geschäftsgrundlagenlehre stellt eine Weiterentwicklung[282] der *clausula*-Lehre dar. Sie geht auf *Paul Oertmann* zurück, der im Jahr 1921 ein Buch mit dem Titel „Die Geschäftsgrundlage: Ein neuer Rechtsbegriff" veröffentlichte. Der Begriff der Geschäftsgrundlage wurde von *Oertmann* wie folgt definiert: „Geschäftsgrundlage ist die beim Geschäftsschluß zutage tretende und vom etwaigen Gegner in ihrer Bedeutsamkeit erkannte und nicht beanstandete Vorstellung eines Beteiligten oder die gemeinsame Vorstellung der mehreren Beteiligten vom Sein oder vom Eintritt gewisser Umstände, auf deren Grundlage der Geschäftswille sich aufbaut"[283]. Nach *Oertmann* konnte der „Wegfall" der Geschäftsgrundlage zur „Aufhebungsmöglichkeit" des Rechtsgeschäfts führen[284].

Von der Rechtsprechung wurde die Lehre *Oertmanns* erstmals in einer Entscheidung des Reichsgerichtes aus dem Jahr 1922 aufgegriffen[285]. Das Reichsgericht erwog eine Anpassung eines Kaufvertrages aufgrund „galoppierender" Inflation zum einen unter dem Gesichtspunkt der *clausula*-Doktrin, zum anderen auf der Grundlage der Lehre *Oertmanns*: „Allgemein kommt es, um mit den Worten *Oertmanns*, Geschäftsgrundlage (1921), zu reden, immer darauf an, ob die Grundlage des Geschäfts im Sinne einer beim Geschäftsschluß zutage getretenen Vorstellung der Beteiligten über den Bestand gewisser maßgebender Verhältnisse hinfällig geworden ist. Das ist an sich auch als Folge einer bloßen Valu-

278 Vgl. Erman: *Hohloch*, BGB, 2004, § 313 Rn. 3.

279 Vgl. zu dieser Doktrin *Zimmermann*, Obligations, 1996, S. 579 ff.

280 Ebenso der Codex Maximilian bavaricus civilis 1756, IV 15 – zitiert nach MünchKomm: *Roth*, BGB, Bd. 2a, 2003, § 313 Rn. 42 (Fn. 36).

281 Palandt: *Grüneberg*, BGB, 2006, § 313 Rn. 11.

282 Vgl. Palandt *Grüneberg*, BGB, 2006, § 313 Rn. 11.

283 *Oertmann*, Geschäftsgrundlage, 1921, S. 37.

284 *Oertmann*, Geschäftsgrundlage, 1921, S. 155 ff., insbesondere S. 159 ff.

285 RGZ 103, 328.

taverschiebung möglich, wenn die Fortdauer der Äquivalenz von Leistung und Gegenleistung bei Vertragsschluß vorausgesetzt wurde".

Seit dieser Entscheidung wurden die Konturen der Geschäftsgrundlagenlehre *Oertmanns* durch die Rechtsprechung des Reichsgerichtes und nach dem 2. Weltkrieg vor allem durch diejenige des Bundesgerichtshofes präzisiert, insbesondere indem Fallgruppen herausgearbeitet wurden[286]. Die so entwickelte Lehre der Geschäftsgrundlage gewann dadurch den Rang eines allgemein anerkannten Rechtsinstitutes.

Im Vordergrund der Rechtsanwendung der Geschäftsgrundlage stehen Dauerschuldverhältnisse und andere Langzeitverträge – wie der Bauvertrag –, bei denen die Parteien nicht alle Eventualitäten antizipieren können und deshalb die „Richtigkeitsgewähr" ihrer privatautonomen Regelungen durch den Einritt ungewöhnlicher Umstände geschwächt wird[287].

b. Kodifikation der Geschäftsgrundlagenlehre

(1) BGB

§ 313 Abs. 1 BGB lautet: *„Haben sich Umstände, die zur Grundlage des Vertrages geworden sind, nach Vertragsschluss schwerwiegend verändert und hätten die Parteien den Vertrag nicht oder mit anderem Inhalt geschlossen, wenn sie diese Veränderung vorausgesehen hätten, so kann Anpassung des Vertrages verlangt werden, soweit einem Teil unter Berücksichtigung aller Umstände des Einzelfalls, insbesondere der vertraglichen oder gesetzlichen Risikoverteilung, das Festhalten am unveränderten Vertrag nicht zugemutet werden kann."*

In Absatz 2 des § 313 BGB wird sodann festgelegt: *„Einer Veränderung der Umstände steht es gleich, wenn wesentliche Vorstellungen, die zur Grundlage des Vertrages geworden sind, sich als falsch herausstellen."*

Schließlich legt § 313 Abs. 3 BGB hinsichtlich der Rechtsfolgen fest: *„Ist eine Anpassung des Vertrags nicht möglich oder einem Teil nicht zumutbar, so kann der benachteiligte Teil vom Vertrag zurücktreten. An die Stelle des Rücktrittsrechts tritt für Dauerschuldverhältnisse das Recht zur Kündigung."*

Der Gesetzestext enthält damit an mehreren „Schlüsselstellen"[288] wertungsoffene Elemente (wie z. B. „Grundlage des Vertrages", „schwerwiegende" Veränderung, „nicht zugemutet"). Deshalb wird der Rechtsanwender nach wie vor auf die

---

286 Vgl. *Eidenmüller*, Jura 2001, 826 m.w.N.

287 *Schmidt-Rimpler*, AcP 147 (1941), 157.

288 MünchKomm: *Roth*, BGB, Bd. 2a, 2003, § 313 Rn. 14.

Auswertung des vorhandenen Rechtsprechungsmaterials und der wissenschaftlichen Diskussion angewiesen sein[289].

(2) VOB/B

Die VOB/B enthält in § 2 Nr. 7 Abs. 1 Satz 2 eine vergleichbare Regelung speziell für Pauschalverträge. In § 2 Nr. 7 Abs. 1 Satz 1 VOB/B wird zunächst der Grundsatz festgelegt, dass die Vergütung unverändert bleibt, wenn als Vergütung der Leistung des Bauvertrages eine Pauschalsumme vereinbart wurde. § 2 Nr. 7 Abs. 1 Satz 2 VOB/B macht davon die folgende Ausnahme: *„Weicht jedoch die ausgeführte Leistung von der vertraglich vorgesehenen Leistung so erheblich ab, dass ein Festhalten an der Pauschalsumme nicht zumutbar ist (§ 242 BGB), so ist auf Verlangen ein Ausgleich unter Berücksichtigung der Mehr- oder Minderkosten zu gewähren"*.

Diese 1973 eingeführte Regelung bringt deklaratorisch[290] zum Ausdruck, dass die Grundsätze des Wegfalls der Geschäftsgrundlage auch auf einen Pauschalvertrag Anwendung finden[291].

Im Weiteren wird dargelegt, dass und unter welchen Voraussetzungen die Verwirklichung des Systemrisikos zu einem Wegfall der Geschäftsgrundlage nach § 313 BGB führt. Es ist insoweit zunächst auf Tatbestandsseite das Vorliegen von Umständen herauszuarbeiten, die die gemeinsame Geschäftsgrundlage bilden und die sich als falsch herausgestellt haben (nachfolgend lit. c)). Danach gilt es aufzuzeigen, dass und unter welchen Voraussetzungen dem Auftragnehmer im Falle der Verwirklichung des Systemrisikos ein Festhalten am unveränderten Vertrag nicht zumutbar ist (nachfolgend lit. d)). Auf der Rechtsfolgenseite schließlich sind die sich daraus ergebenden rechtlichen Konsequenzen darzustellen (nachfolgend lit. e)).

---

289 Erman: *Hohloch*, BGB, 2004, § 313 Rn. 5 und 47; MünchKomm: *Roth*, BGB, Bd. 2a, 2003, § 313 Rn. 17.

290 Kleine-Möller/Merl/Oelmaier: *Kleine-Möller*, Handbuch, 2005, § 10 Rn. 436; *Korbion/Hochstein/Keldungs*, VOB-Vertrag, 2002, Rn. 780; vgl. auch Beck-Kurz-Kommentare: *Kapellmann*, 2003, VOB/B § 2 Rd. 277; *Heiermann*, BB 1975, 995 (Fn. 97). *Kapellmann/Schiffers*, Bd. 2, 2000, Rn. 1502 f. sehen für § 2 Nr. 7 Abs. 1 VOB/B einen über § 313 BGB hinausgehenden Regelungsbereich insoweit, als an die Zumutbarkeit des Festhaltens am unveränderten Vertrag „graduell geringere Anforderungen" zu stellen seien. So auch *Vogel/Vogel*, BauR 1997, 556.

291 Ingenstau/Korbion *Keldungs*, VOB, 2004, VOB/B § 2 Nr. 7 Rn. 22; Nicklisch/Weick: *Weick*, VOB, 2001, § 2 Rn. 79 und 33; Staudinger: *Peters*, BGB, 2003, § 632 Rn. 79. § 313 BGB gilt – im Gegensatz zu § 2 Nr. 7 VOB/B – nicht nur für Pauschalverträge: Beck-Kurz-Kommentare: *Kapellmann*, 2003, VOB/B § 2 Rn. 277.

c. (Tatbestands-) Merkmale der Geschäftsgrundlage

Als **Geschäftsgrundlage** bezeichnet § 313 Abs. 1 BGB „Umstände, die zur Grundlage des Vertrages geworden sind". Nach § 313 Abs. 2 BGB stehen „wesentliche Vorstellungen" der Parteien solchen Umständen gleich. Dabei muss es sich stets um derart gewichtige Umstände (Vorstellungen) handeln, dass „die Parteien den Vertrag nicht oder mit anderem Inhalt geschlossen" hätten, wenn sie die Veränderung der von ihnen vorausgesetzten Umstände (§ 313 Abs. 1 BGB) oder die Unrichtigkeit der von ihnen dem Vertrag zugrunde gelegten Vorstellungen (§ 313 Abs. 2 BGB) gekannt hätten.

Neben der „subjektiven" Geschäftsgrundlage, also der gemeinsamen Vorstellung der Parteien (§ 313 Abs. 2 BGB), werden von § 313 BGB auch Veränderungen der „objektiven" Geschäftsgrundlage (§ 313 Abs. 1 BGB) erfasst[292].

Die gesetzliche Regelung des § 313 BGB bezweckt die generalklauselartige Umsetzung der bisher ständigen Rechtsprechung zur Definition der Geschäftsgrundlage eines Vertrages[293]. Eine Geschäftsgrundlage wird danach gebildet durch die nicht zum eigentlichen Vertragsinhalt erhobenen, beim Vertragsschluss aber zutage getretenen, dem Geschäftsgegner erkennbaren und von ihm nicht beanstandeten Vorstellungen des einen Vertragsteils oder durch die gemeinsame Vorstellung beider Teile vom Vorhandensein oder künftigen Eintritt gewisser Umstände, sofern der Geschäftswille auf diesen Vorstellungen aufbaut[294]. Der Geschäftswille der Parteien baut auf diesen Vorstellungen dann auf, wenn der Umstand so bedeutsam ist, dass die benachteiligte Partei bei Kenntnis der Veränderung den Vertrag so nicht abgeschlossen hätte und die andere Partei sich redlicherweise nach Treu und Glauben auf die geänderten Bedingungen hätte einlassen müssen.

Gliedert man diese Gesichtspunkte, aus denen sich der Tatbestand der Geschäftsgrundlage zusammensetzt, so ergeben sich sowohl nach der bisherigen Rechtsprechung als auch nach § 313 BGB drei konstitutive Tatbestandselemente der Geschäftsgrundlage[295]:

„Reales" Element: Erforderlich ist ein Umstand, den mindestens eine Partei für die andere Partei erkennbar bei Vertragsschluss vorausgesetzt hat – dies ent-

292 Palandt: *Grüneberg*, BGB, 2006, § 313 Rn. 4.

293 BT-Drs. 14/6040, S. 175.

294 Vgl. BGHZ 25, 390; 40, 334; 74, 370; 84, 1; 89, 226; 121, 378; BGH, NJW 1987, 1629; 1993, 1641; 1995, 2031; 2001, 1204.

295 So *Medicus*, Bürgerliches Recht, 2004, Rn. 165a. Ähnlich wie hier *Eidenmüller*, Jura 2001, 831. Vgl. auch die Gliederung von *Roth*, in: MünchKomm, BGB, Bd. 2a, 2003, § 313 Rn. 8. Die dortigen Gliederungspunkte 1–4 entsprechen in der Sache der hier vorgenommenen Einteilung.

spricht „Umstände, die zur Grundlage des Vertrages geworden sind“ i. S. des § 313 BGB.

„Hypothetisches“ Element: Der Geschäftswille muss auf dieser Vorstellung aufbauen, was (nur) dann der Fall ist, wenn der Umstand so bedeutsam ist, dass die sich auf den Wegfall der Geschäftsgrundlage berufende Partei bei Kenntnis der Veränderung den Vertrag so nicht abgeschlossen hätte – dies entspricht „die Parteien den Vertrag nicht oder mit anderem Inhalt geschlossen“ hätten i. S. des § 313 BGB.

„Normatives“ Element: Die andere Partei hätte sich redlicherweise auf die geänderten Bedingungen einlassen müssen – dies entspricht „die Partei*en* den Vertrag nicht oder mit anderem Inhalt geschlossen“ hätten i. S. des § 313 BGB.

Das „reale“ Element ist zum einen vom *Vertragsinhalt* abzugrenzen. Denn was bereits, ggf. durch ergänzende Vertragsauslegung zu ermittelnder Vertragsinhalt selbst ist, kann nicht „lediglich“ Grundlage eines Vertrages sein[296]. Zum anderen sind aus dem „realen“ Element die lediglich *einseitig* gebliebenen Erwartungen und Motive einer Partei auszuscheiden[297]. Erforderlich ist vielmehr, dass einseitig geäußerte Erwartungen in den *gemeinsamen* Geschäftswillen der Parteien aufgenommen wurden.

Im Rahmen des „hypothetischen“ Elementes ist es erforderlich, eine Interessenabwägung des von der benachteiligten Partei vorausgesetzten und dann gestörten Umstandes gegenüber den Gesamtvertragsinteressen der benachteiligten Partei vorzunehmen.

Dem „normativen“ Element schließlich kommt eine besondere Bedeutung zu. Die nicht benachteiligte Partei hätte sich nämlich dann redlicherweise nach Treu und Glauben nicht auf die veränderten Umstände einlassen müssen, wenn es sich um solche handelt, die im *Risikobereich* nur der anderen Partei gelegen haben[298]. Die deshalb erforderliche Risikoanalyse des Vertrages hat sich am dispositiven Gesetzesrecht und damit an der normativen Risikoverteilung zu orientieren[299].

Das Vorliegen dieser drei konstitutiven Elemente der Geschäftsgrundlage wird nunmehr vor dem Hintergrund des Systemrisikos dargestellt. Erinnert werden soll an dieser Stelle nachmals daran, dass es im Rahmen des § 313 BGB (ausschließlich) um die Konstellation des schädigenden *Zusammenwirkens* der Bautechnik mir dem Baugrund geht.

---

296 Vgl. statt aller BGHZ 90, 74.

297 BGH NJW-RR 89, 754; Erman: *Hohloch*, BGB, 2004, § 313 Rn. 17.

298 Vgl. BGH NJW 1992, 2691.

299 Vgl. *Medicus*, Bürgerliches Recht, 2004, Rn. 165a.

(1) „Reales" Element der Geschäftsgrundlage

Zunächst bedarf es als Element der Geschäftsgrundlage eines Umstandes, der zum **gemeinsamen Geschäftswillen** der Parteien geworden ist – und der sich nachträglich zu Lasten einer Partei verändert hat. Dies erfordert nicht zwangsläufig, dass (auch) die Gegenpartei eine positive Vorstellung des Umstandes gebildet haben muss, der zur Geschäftsgrundlage gemacht werden soll. Es kann vielmehr genügen, dass die positive Vorstellung der Gegenpartei nur bekannt, äußerstenfalls der Gegenpartei sogar nur erkennbar war[300].

(aa) Gemeinsamer Geschäftswille

Einseitige Erwartungen

Wie bereits angesprochen, ist ein gemeinsamer Geschäftswille von bloß einseitig gebliebenen Erwartungen einer Partei abzugrenzen.

Verwirklicht sich während der Durchführung eines Bauvorhabens das Systemrisiko, so ist dies für den Auftragnehmer regelmäßig mit Erschwernissen der weiteren Bauausführung verbunden: So können etwa bei schädigenden Setzungen des Baugrundes zusätzliche Sicherungsmaßnahmen der Baugrube erforderlich werden[301]. Auch können beispielsweise Sanierungsarbeiten an einer durch den Auftragnehmer hergestellten Schlitzwand erforderlich werden, wenn es beim Kontakt des Grundwassers mit der Schlitzwand-Suspension zu schädigenden chemischen Wechselreaktionen mit der Suspension kommt und diese Wechselreaktionen bis dato völlig unbekannt waren[302].

Diese Erschwernisse sind häufig mit erheblichen Mehrkosten für den Auftragnehmer verbunden. Werden diese Kosten vom Auftragnehmer im Vertragspreis nicht kalkuliert – worauf noch gesondert eingegangen wird –, so stimmen die „preisbildenden Grundlagen" des Vertrages mit der Realität nicht mehr überein[303]. Denn der Auftrag*nehmer* geht bei Vertragsschluss und damit im Zuge der Ermittlung des Vertragspreises regelmäßig von der technischen „Kompatibilität"[304] des vom Auftraggeber zur Verfügung gestellten Baugrundes mit dem zur Ausführung gelangenden Baugrundverfahren aus. Seine Vorstellung und sein Geschäftswille geht also regelmäßig dahin, dass bei diesem System (= zur Aus-

300 MünchKomm: *Roth*, BGB, Bd. 2a, 2003, § 313 Rn. 65.

301 Beispielsfall 1 unter 1. Kapitel A.

302 Vgl. dazu den Beispielsfall von *Grauvogl*, NZBau 2002, 592.

303 Vgl. dazu die von *Thode*, Seminar Pauschalvertrag, 1971, S. 47 f. dargestellte Nichtannahme-Entscheidung des BGH zum Wegfall der Geschäftsgrundlage bei schlechten Bodenverhältnissen.

304 Diesen Begriff verwendet *Motzke*, CTBR, Jahresband 2003, S. 21 im Rahmen von Baugrundrisiken.

führung gelangendes Baugrundverfahren in Verbindung mit dem bereitgestellten Baugrund) *technisch nicht beherrschbare Baugrunderschwernisse* ausbleiben.

Dies ist zunächst die einseitige Erwartung des Auftragnehmers. Dass einseitige Erwartungen zur Begründung einer gemeinschaftlichen Geschäftsgrundlage nicht ausreichen, wird vom BGH im Zusammenhang mit Baugrunderschwernissen wie folgt umschrieben[305]:

„Die Klägerin [Auftragnehmer] mag zwar davon ausgegangen sein, daß die Böden bei der Ausführung ihrer Leistung keine Erschwernisse bringen würden. Das war aber nach den Feststellungen des Berufungsgerichts nicht die übereinstimmende Grundlage des Vertrages. Es war *nach dem Vertrag* allein Sache der Klägerin, sich bei ihrer Kalkulation auf solche Erschwernisse einzustellen"[306].

Ein gemeinsamer Geschäftswille der Parteien wurde vom BGH deswegen verneint, weil der Vertrag selbst auf die Möglichkeit der – dann auch eingetretenen – Baugrunderschwernisse hinwies. Das ist konsequent. Denn wäre neben dem Auftragnehmer auch der Auftraggeber von dem Nichteintritt künftiger (Baugrund-) Erschwernisse ausgegangen, dann würde der Hinweis im Vertrag auf die Möglichkeit gerade dieser Erschwernisse keinen Sinn machen. Der Vertragspassus selbst machte deutlich, dass jedenfalls der Auftraggeber mit solchen Erschwernissen rechnete oder sie jedenfalls für möglich hielt. Dann aber war die Vorstellung, dass solche Erschwernisse ausbleiben würden, eine lediglich einseitige Erwartung des Auftragnehmers.

Der Umkehrschluss ergibt Folgendes: Fehlen Hinweise im Vertrag auf mögliche Erschwernisse aus dem Baugrundbereich, so *kann* die Vorstellung, derartige Erschwernisse würden ausbleiben, durchaus gemeinsamer Geschäftswille der Parteien sein. Übertragen auf die vorliegende Konstellation bedeutet dies, dass die Kompatibilität des Baugrundes mit dem zur Ausführung gelangenden Baugrundverfahren mangels anderweitiger Hinweise im Vertrag übereinstimmende Grundlage des Vertrages sein kann. Wann dem so ist, ist nachstehend aufzuzeigen.

Planung durch den Auftraggeber

Maßgeblich für die Abgrenzung der einseitigen Erwartung einer Partei zu einer übereinstimmenden Grundlage beider Parteien ist, ob das Verhalten des anderen Teils nach *Treu und Glauben* als bloße Kenntnis oder aber als Einverständnis und Aufnahme der Erwartung in die gemeinsame Grundlage des Geschäftswillens

---

305 WM 69, 1019.

306 Hervorhebung d. d. Verfasser.

zu werten ist[307]. Dabei kommt es nach § 313 Abs. 2 BGB nicht auf die positive Nachweisbarkeit konkreter (Fehl-) Vorstellungen an. Ausreichend ist es, dass das Fehlen von Umständen – Bodengeeignetheit – relevant wird, deren Vorhandensein die Parteien für den betreffenden Vertrag sinnvoller Weise voraussetzen[308].

Letztlich handelt es sich bei der Abgrenzung eines gemeinsamen Geschäftswillens von bloß einseitigen Erwartungen damit um eine *Wertungsfrage*[309].

Obliegt die Planung des Bauvorhabens, wie im Regelfall[310], dem Auftraggeber, so erstellt er zumeist eine Leistungsbeschreibung, ggf. mit Leistungsverzeichnis; zumeist unter Mithilfe eines Architekten (vgl. § 15 Abs. 2 Nr. 6 HOAI[311]). Der Auftraggeber stellt dem Auftragnehmer dann regelmäßig ein nach Leistungsbereichen gegliedertes Verzeichnis der durchzuführenden Arbeiten zur Verfügung. In der Leistungsbeschreibung werden gerade für den Baugrundbereich neben den durchzuführenden Arbeiten zumeist auch die Baugrundverfahren benannt und auf dieser Grundlage vom Auftragnehmer dem Auftraggeber angeboten[312]. So kann etwa in der Leistungsbeschreibung angegeben sein, dass beim Tunnelbau zum Lösen des Gebirges eine „Fräse" eingesetzt oder dass bei Betonabbrucharbeiten mit dem Verfahren „Hochdruckwasserstrahl" gearbeitet werden kann[313].

Speziell für den Baugrundbereich werden zur Erkundung der Baugrundverhältnisse und der anschließenden Festlegung erforderlicher Gründungsmaßnahmen[314] bzw. geeigneter Baugrundverfahren häufig Sonderfachleute[315] (Baugrundgutachter[316], Tragwerksplaner[317]) eingeschaltet. Vielfach werden Bau-

---

307 Palandt: *Grüneberg*, BGB, 2006, § 313 Rn. 9; BGH, BauR 1995, 843.

308 Vgl. Palandt: *Grüneberg*, BGB, 2006, § 313 Rn. 4; MünchKomm: *Roth*, BGB, Bd. 2a, 2003, § 313 Rn. 45.

309 Bamberger/Roth: *Grüneberg*, BGB, 2003, § 313 Rn. 19.

310 Davon gehen § 9 Nr. 3 und 6, § 20 VOB/A, § 3 Nr. 1 VOB/B sowie zahlreiche Allgemeine Technische Vertragsbedingungen der VOB/C aus.

311 Zu beachten ist aber, dass die HOAI nach BGH, BauR 1997, 154 Preisrecht ist und damit originär nichts für die vertraglichen Leistungspflichten zwischen Auftraggeber und Architekt hergibt, es sei denn, sie wird im Vertrag in Bezug genommen.

312 Vgl. *Ganten*, BauR 2000, 650.

313 Beispiele nach Beck-Kurz-Kommentare: *Kapellmann*, 2003, VOB/B § 2 Rn. 37.

314 Dazu: Wirth: *Katzenbach/Fehsenfeld*, Handbuch, 2005, S. 788 ff.

315 In der HOAI wird von „anderer an der Planung fachlich Beteiligter" gesprochen: § 15 Abs. 2 Nr. 2 HOAI.

316 §§ 91 ff. HOAI.

317 §§ 62 ff. HOAI. Nach § 64 Abs. 3 Nr. 2 HOAI gehört u. a. die Angabe der Herstellungsverfahren und der Gründungsart zum Aufgabenbereich des Tragwerkplaners.

grunduntersuchungen[318] durch den Auftraggeber veranlasst und daraufhin ein Bodengutachten erstellt. Dieses Gutachten mitsamt der Festlegungen des Tragwerksplaners und des Architekten bildet dann die Grundlage des vom Auftraggeber im Rahmen der Leistungsbeschreibung angegebenen Baugrundverfahrens.

Damit ergibt sich bei auftraggeberseitiger Planung des Bauvorhabens für den Baugrundbereich regelmäßig folgende Konstellation: Der Auftraggeber stellt nicht nur den Baugrund zur Verfügung. Er ermittelt vielmehr im Rahmen der Planung des Bauvorhabens das seiner Auffassung nach geeignete Baugrundverfahren zur Bewältigung des von ihm bereitgestellten Bodens. Der Auftraggeber erklärt sich damit nicht lediglich mit einem zur Ausführung gelangenden Baugrundverfahren einverstanden bzw. nimmt dieses nicht lediglich zur Kenntnis. Er geht vielmehr darüber hinaus, indem er die Arbeitstechnik selbst ermittelt bzw. durch ihm zurechenbare Dritte (Architekt, Sonderfachleute) ermitteln lässt und diese Technik im Rahmen der Leistungsbeschreibung angibt. Damit aber nimmt es der Auftraggeber nach *Treu und Glauben* auch in seine Vorstellung bzw. Erwartung auf, dass sich der von ihm bereitgestellte Baugrund durch das von ihm im Zuge der Planung ermittelte Baugrundverfahren bewältigen lässt[319]. Andernfalls wären entsprechende vorbehaltlose Angaben gegenüber dem Auftragnehmer in der Leistungsbeschreibung widersprüchlich. Die Erwartung des Auftraggebers von der technischen Kompatibilität des Baugrundes mit dem angegebenen Baugrundverfahren tritt somit auch nach außen in Erscheinung (Leistungsbeschreibung).

Wird sodann die Leistungsbeschreibung dem Vertrag zugrunde gelegt, handelt es sich bezogen auf die in Rede stehende Thematik nicht mehr um eine bloß einseitige Vorstellung des Auftragnehmers, sondern um einen gemeinsamen Geschäftswillen der Parteien. Treten fortan Erschwernisse auf, unterlagen die Bauvertragsparteien bei Vertragsabschluss insoweit einem gemeinschaftlichen Irrtum.

---

318 Vgl. DIN 4020.

319 Ähnlich wie hier *Kapellmann*, in: Beck-Kurz-Kommentare, 2003, VOB/B § 2 Rn. 287. Auch *Ehmann/Sutschet*, Schuldrecht, 2002, § 6 IV, S. 175 bezeichnen eine „andere Bodenbeschaffenheit des Grundstücks" ausdrücklich als Geschäftsgrundlage. *Jagenburg*, in: Beck-Kommentar, Teil B, 1997, § 2 Nr. 1 Rn. 39 spricht davon, dass die Parteien als Geschäftsgrundlage voraussetzen, dass die „Boden- und Grundwasserverhältnisse zum Risikobereich des Auftraggebers gehören".

Dieses ursprüngliche Fehlen der subjektiven Geschäftsgrundlage (Irrtum) wird von § 313 Abs. 2 BGB erfasst[320].

Die Beurteilung der vorstehenden Wertungsfrage – gemeinsamer Geschäftswille – gilt im Hinblick auf den Baugrund als dem zentralen und neuralgischen Ausgangspunkt eines nahezu jeden Bauvorhabens. Bezogen auf andere grundlegende Planungsfestlegungen kann eine abweichende Wertung geboten sein, was jeweils im Einzelfall zu ermitteln ist.

Für das Vorhandensein eines entsprechenden gemeinsamen Geschäftswillens trägt der sich auf § 313 BGB berufende Auftragnehmer die Beweislast[321].

Ein gemeinsamer Geschäftswille der Parteien liegt dagegen regelmäßig dann nicht vor, wenn der Auftraggeber keinerlei Planungsaufgaben inne hat[322]. In diesem Fall hat der Auftraggeber in der Regel mit der Anfertigung einer detaillierten Leistungsbeschreibung nichts zu tun. Es liegt dann ausschließlich am Auftragnehmer, die geeigneten Baugrundverfahren zu ermitteln und gegebenenfalls auch Sonderfachleute selbst zu beauftragen. Der Auftragnehmer wird zwar auch dann – und insbesondere dann – davon ausgehen, dass wesentliche Baugrunderschwernisse durch Wechselwirkungen des Baugrundes mit dem angewandten Bauverfahren ausbleiben. Eine dahingehende übereinstimmende Vorstellung des Auftraggebers tritt in dieser Konstellation aber zumeist nicht zutage. Der Auftraggeber ist in die Ermittlung der geeigneten Baugrundverfahren nicht involviert. Nach außen in Erscheinung tretende Anhaltspunkte dafür, dass auch er es in seine Vorstellung aufgenommen haben soll, dass die vom Auftragnehmer gewählte Technik mit dem Baugrund vereinbar ist, gibt es dann im Regelfall nicht. Ganz im Gegenteil macht die Übertragung der Planungsaufgaben auf den Auftragnehmer gerade deutlich, dass der Auftraggeber sich mit derartigen Fragen nicht befassen möchte und im Zweifel auch nicht befasst. Er nimmt also die vom Auftragnehmer ausgewählte Arbeitstechnik zur Bewältigung des Baugrundes allenfalls zur Kenntnis.

---

320 Vgl. BT-Drs. 14/6040, S. 176. Ob sich der Irrtum hier auf den Eintritt oder Nichteintritt eines zukünftigen Ereignisses bezieht – Baugrundprobleme – und damit unter § 313 Abs. 1 BGB fällt: Palandt: *Grüneberg*, BGB, 2006, § 313 Rd. 38 oder, wie hier vertreten, als Motivirrtum im Sinne der Gesetzesbegründung unter § 313 Abs. 2 BGB fällt, kann letztlich dahinstehen, da die Konstellationen in der Behandlung gleichgestellt sind: vgl. Palandt: *Heinrichs*, BGB, 2006, § 313 Rn. 38.

321 BGH, GRUR 1990, 1006; Bamberger/Roth: *Grüneberg*, BGB, 2003, § 313 Rn. 96; Erman: *Hohloch*, BGB, 2004, § 313 Rn. 45.

322 In diesen Fällen wird auch vom Auftragnehmer als „Totalunternehmer" gesprochen: Ingenstau/Korbion: *Korbion*, VOB, 2004, Anhang 3 Rn. 170. Zumeist handelt es sich dann um eine lediglich „globale" Beschreibung des Leistungszieles durch den Auftraggeber: vgl. dazu *Roquette/Paul*, BauR 2004, 736.

(bb) Kein Vertragsinhalt

Der so ermittelte gemeinsame Geschäftswille der Parteien darf nicht bereits Vertragsinhalt selbst sein. Der Vertrag darf mit anderen Worten das Risiko des Auftretens unbeherrschbarer Bodenreaktionen im Zuge der Anwendung der Arbeitstechnik nicht der einen oder anderen Bauvertragspartei auferlegen. Haben die Parteien also geregelt, gerade im Falle dieses Risikoeintritts am Vertrag festhalten zu wollen, scheidet eine Korrektur des Vertrages nach § 313 BGB aus[323]. Hier gilt der Grundsatz: Was Vertragsinhalt ist, kann nicht Geschäftsgrundlage sein[324]. Eine vollständige vertragliche Abbedingung des § 313 BGB ist jedoch nicht möglich[325].

Risikoverteilung im Bauvertrag

Der Bauvertrag kann Klauseln enthalten, wonach die eine oder andere Vertragspartei mit den Folgen des Eintritts von Baugrunderschwernissen ausdrücklich belastet wird. Weiter können die Parteien vereinbaren, dass alle Risiken dort verbleiben sollen, wo sie hinfallen, so dass der Vertrag in seiner ursprünglichen Fassung absolut und unbedingt gelten soll[326]. Gibt es derartige Regelungen, kann § 313 BGB nicht greifen.

Regelungen im Bauvertrag, die sich mit der Verwirklichung von Systemrisiken befassen, sind in der Praxis oft nicht vorhanden[327]. Dies liegt daran, dass es sich beim Systemrisiko um Gefahren handelt, die im Bereich des „Zufalls"[328] angesiedelt sind und somit von den Parteien meist nicht vorausschauend bedacht werden. Stimmen die tatsächlichen Verhältnisse des Baugrundes mit den Beschreibungen des Auftraggebers überein und führt der Auftragnehmer zudem technisch geeignete Baugrundverfahren fehlerfrei aus, so besteht regelmäßig auch kein Anlass, vertragliche Vorkehrungen zu treffen. Treten dennoch Schäden auf, fehlen dementsprechend adäquate Regelungen.

Insbesondere § 7 VOB/B erfasst nicht den Fall der Verwirklichung von Systemrisiken, wie bereits ausgeführt wurde. Er steht der Anwendung des § 313 BGB daher nicht entgegen.

---

323 Vgl. Beck-Kurz-Kommentare: *Kapellmann*, 2003, VOB/B § 2 Rn. 282.

324 Vgl. BGH, WM 1969, 869; BGHZ 90, 74; aus der Literatur etwa MünchKomm: *Roth*, BGB, Bd. 2a, 2003, § 313 Rn. 36.

325 MünchKomm: *Roth*, BGB, Bd. 2a, 2003, § 313 Rn. 112.

326 BGHZ 2, 383; BGH, NJW 1967, 1287.

327 Vgl. *Oberhauser*, Bauvertragsrecht im Umbruch, 2000, S. 99.

328 *Ganten*, BauR 2000, 641.

Zu beachten ist jedoch das vom Verein zur Förderung fairer Bedingungen am Bau e.V. beantragte und bewilligte Konditionenkartell für den Spezialtiefbau[329]. In diesen Angebots- und Vertragsbedingungen ist eine ausdrückliche Regelung für Systemrisiken enthalten. Wird diese Regelung (zukünftig) zwischen den Bauvertragsparteien vereinbart, ist diese Risikoverteilung zwischen den Parteien Vertragsinhalt und als solcher § 313 BGB nicht zugänglich.

These Siegburg

Siegburg[330] sieht in nicht erkennbaren Risiken resultierend aus *unverschuldet fehlerhaften Vorgaben* des Auftraggebers eine Vertragslücke. Diese sei im Wege der *ergänzenden Vertragsauslegung* zu schließen. Er setzt dogmatisch im Falle einer objektiven (Mit-) Verantwortlichkeit des Auftraggebers für Mängel somit an der Auslegung des von ihm als lückenhaft unterstellten Bauvertrages an. Hätten die Bauvertragsparteien bedacht, dass der Auftraggeber die Beseitigung eines aufgrund fehlerhafter Vorgaben entstandenen Baumangels verlange, so hätten sie redlicherweise eine Vereinbarung über die Zahlung einer angemessenen Zusatzvergütung getroffen. Selbst im Falle der schuldhaften Mitverursachung eines Baumangels durch den Auftragnehmer – etwa aufgrund der Verletzung seiner Prüfungs- und Hinweispflicht – ergebe eine ergänzende Vertragsauslegung, dass sich der Auftraggeber entsprechend seiner Mitverursachungsquote an den Kosten der Mängelbeseitigung oder Neuherstellung des Werkes zu beteiligen habe. *Siegburg* gelangt somit bei fehlerhaften Vorgaben des Auftraggebers im Wege einer ergänzenden Vertragsauslegung zu dessen verschuldensunabhängiger Haftung[331]. Als Vorgaben bezeichnet *Siegburg* u. a. die vom Auftraggeber gelieferten Baustoffe[332], also auch den Baugrund. Damit bringt *Siegburg* eine Mitverursachung des Auftraggebers im Hinblick auf Baumängel, etwa resultierend aus dem Baugrundbereich, über das Institut der ergänzenden Vertragsauslegung zur Geltung.

Ob nach dieser Ansicht die Bereitstellung eines Baugrundes, im Rahmen dessen Bearbeitung es zu technisch nicht beherrschbaren Erschwernissen kommt (Systemrisiken), als „fehlerhafte" Vorgabe des Auftraggebers bezeichnet werden kann, ist mangels Ausführungen *Siegburgs* zu dieser Problematik nicht abschließend zu klären. Sollte die Frage indes zu bejahen sein, so stünde die Ansicht

329 Siehe Fn. 41.

330 in: FS Korbion, 1986, S. 422 ff.; *ders.*, in: Handbuch Gewährleistung, 2000, Rn. 1501.

331 Vgl. *Kohler*, NJW 1993, 421 (Fn. 43).

332 FS Korbion, 1986, S. 411.

Siegburgs – als zutreffend unterstellt – der Anwendbarkeit des § 313 BGB entgegen. Die ergänzende Vertragsauslegung geht dem Rechtsinstitut des Wegfalls der Geschäftsgrundlage vor[333]. Auch generell ist die Frage zu klären, ob die vorliegende Thematik nicht mittels einer ergänzenden Vertragsauslegung gelöst werden muss.

Die Übergänge der ergänzenden Vertragsauslegung hin zu einer Anwendung der Grundsätze des Wegfalls der Geschäftsgrundlage sind zwar fließend[334]. Systematisch sind Auslegung des Vertrages und Anwendung des § 313 BGB jedoch zwei voneinander unabhängige Rechtstechniken mit verschiedenen Beurteilungsmethoden[335]. Es ergeben sich erheblich differierende Konsequenzen für die Bauvertragsparteien, je nachdem, welches Rechtsinstitut eingreift. Im Gegensatz zur ergänzenden Vertragsauslegung kennt § 313 BGB das Erfordernis einer „Opfergrenze" und stellt eine Vertragsanpassung damit unter strenge Voraussetzungen[336].

Die ergänzende Vertragsauslegung hat den Zweck, Lücken der rechtsgeschäftlichen Regelung zu schließen[337]. Sie knüpft an die im Vertrag objektivierte Regelung an und betrachtet diese als selbständige Rechtsquelle, aus der nach Maßgabe von Treu und Glauben sowie der Verkehrssitte (§ 157 BGB) Regelungen für offen gebliebene Punkte abgeleitet werden können[338]. Dabei ist Maßstab stets der hypothetische Parteiwille. Bei der Ergänzung der Vertragslücke ist also darauf abzustellen, was die Parteien bei einer angemessenen Abwägung ihrer Interessen nach Treu und Glauben als redliche Vertragsparteien vereinbart hätten, würden sie den nicht geregelten Fall bedacht haben[339].

Eine ergänzende Vertragsauslegung ist mit dem Grundsatz der Privatautonomie nur dann zu vereinbaren, wenn sie sich streng an dem vorstehend dargestellten hypothetischen Parteiwillen orientiert. Den Parteien darf kein Ergebnis diktiert werden, welches sie so nicht vereinbart hätten. Deshalb ist eine ergänzende Vertragsauslegung dann unzulässig, wenn die Regelungslücke in verschie-

---

333 Vgl. nur BGHZ 90, 69; MünchKomm: *Roth*, BGB, Bd. 2a, 2003, § 313 Rn. 130 ff.

334 Palandt: *Grüneberg*, BGB, 2006, § 313 Rn. 10; Anwaltkommentar: *Krebs*, 2002, § 313 Rn. 10. *Teichmann*, in: Staudinger, BGB, Bd. 2, 1995, § 242 Rn. 968 spricht davon, dass die Rechtsinstitute „strukturell verwandt" seien. Vgl. auch *Flume*, AT II, 1992, § 26 7, der die Geschäftsgrundlage zugunsten der Vertragsauslegung überwiegend als verdrängt ansieht.

335 MünchKomm: *Roth*, BGB, Bd. 2a, 2003, § 313 Rn. 131.

336 *Schäfer/Ott*, Lehrbuch ökonomische Analyse, 2000, S. 353; *Larenz*, Schuldrecht I, 1987, § 21 II, S. 331.

337 BGHZ 9, 273, 277; BGHZ 77, 301, 304.

338 BGHZ 9, 273, 277; BGH, NJW 1978, 695.

339 BGHZ 84, 1, 7; BGHZ 90, 69, 77; BGH, NJW 1994, 1008, 1011.

dener Weise geschlossen werden kann und keine Anhaltspunkte dafür bestehen, für welche Alternative sich die Parteien entschieden hätten[340]. Die Auslegung muss im Vertrag damit eine „Stütze“ finden und sich als „zwingende selbstverständliche Folge aus dem ganzen Zusammenhang des Vereinbarten ergeben“[341]. Nicht möglich ist es, – gesetzliche – Gesichtspunkte der Geschäftsgrundlage im Rahmen der ergänzenden Vertragsauslegung zum Tragen zu bringen[342], um so fehlende Anhaltspunkte des Parteiwillens zu überspielen[343].

Regelmäßig wird eine ergänzende Vertragsauslegung bei vorliegender Thematik an dieser Restriktion scheitern. Wer wollte – mangels Hinweisen im Vertrag – behaupten können, dass die Parteien dem Auftraggeber oder dem Auftragnehmer oder beiden Parteien (zu welchem Verhältnis?) systembedingte Leistungserschwernisse aus dem Baugrundbereich vertraglich auferlegt hätten, hätten sie dieses Problem bedacht? Eine Risikoverteilung anhand der Grundsätze der ergänzenden Vertragsauslegung liefe in diesen Fällen daher zumeist auf eine unzulässige Fiktion eines hypothetischen Parteiwillens hinaus.

Deshalb ist eine Korrektur des Vertrages bei systembedingten Leistungserschwernissen allenfalls unter Rückgriff auf § 313 BGB möglich. Eine ergänzende Vertragsauslegung kann regelmäßig nicht greifen.

(2) „Hypothetisches“ Element der Geschäftsgrundlage

Das zweite konstitutive Element der Geschäftsgrundlage erfordert, dass der Geschäftswille der benachteiligten Partei auf der unrichtigen Vorstellung aufbaut. Dies ist (nur) dann der Fall, wenn die – den gemeinsamen Geschäftswillen – bildenden Umstände so bedeutsam sind, dass die benachteiligte Partei bei Kenntnis der Veränderung der Umstände den Vertrag so nicht abgeschlossen hätte. Es muss also eine gewisse „Erheblichkeitsschwelle“ überschritten werden[344].

Leistungserschwernisse aus dem Baugrundbereich sind oft mit erheblichen Mehrkosten verbunden. Aus dem Bodenrisiko resultierende Schäden sind sehr vielschichtig und ziehen zumeist gravierende finanzielle Folgen nach sich[345]. Wie die Praxis derartiger Baugrundfälle zeigt, gehen die Kosten der Mängel- und

---

340 BGHZ 90, 69, 80; BGHZ 62, 83, 89 f.

341 BGHZ 77, 301, 304.

342 MünchKomm: *Roth*, BGB, Bd. 2a, 2003, § 313 Rn. 130.

343 *Larenz*, Schuldrecht I, 1987, § 21 II, S. 331.

344 Anwaltskommentar-*Krebs*, 2002, § 313 Rn. 32.

345 *Rehm*, Bauwesenversicherung, 1989, S. 43; *Jacob/Ring/Wolf*, Handbuch, 2003, § 1 Rn. 26. Vgl. auch *Putzier*, BauR 1989, 132.

Schadensbeseitigung hier nicht selten in sechsstellige Bereiche[346]. Nach einer Untersuchung über Bauschäden im Zeitraum von 1987 bis 1990 zogen 110 Bauschadensfälle bei Baugruben aus sog. Stahlspundwänden eine Gesamtschadenssumme von ca. 9,4 Mio. DM (ohne Vermögensschäden und sonstige Nebenkosten) nach sich[347].

Auch sind Sanierungsmaßnahmen regelmäßig zeitaufwendig, was den Fertigstellungstermin des Gesamtbauwerks – bzw. die vertraglich vereinbarten Zwischentermine – in Frage stellen kann. Da der Auftraggeber von Bauleistungen die Einhaltung von vertraglich vereinbarten Terminen zumeist an eine Vertragsstrafe knüpft, bestehen daher auch aus diesem Grund erhebliche Kostenrisiken des Auftragnehmers.

Schließlich besteht für eintretende Baugrunderschwernisse oft kein Versicherungsschutz des Auftragnehmers:

Seine eigenen Bauleistungen kann der Auftragnehmer nach den „Allgemeinen Bedingungen für die Bauwesenversicherung von Unternehmerleistungen" (ABU) versichern. Durch das Dritte Gesetz zur Durchführung versicherungsrechtlicher Richtlinien des Rates der Europäischen Gemeinschaften vom 21. Juli 1994[348] ist die behördliche Genehmigung der Allgemeinen Versicherungsbedingungen (AVB) entfallen. Deshalb ist es seither möglich, dass jedes Versicherungsunternehmen eigenständige ABU aufstellt[349]. Bislang ist es jedoch zu keinen großen Unterschieden gekommen[350], weshalb generelle Aussagen zu den Versicherungsbedingungen (noch) möglich sind.

§ 2 Nr. 1 ABU[351] sieht vor, dass Entschädigung geleistet wird für „unvorhergesehen eintretende Schäden (Beschädigungen oder Zerstörungen)" an versicherten Bauleistungen oder sonstigen versicherten Sachen. Versicherte Sachen sind nach § 1 Nr. 1 ABU alle die in dem Versicherungsschein bezeichneten Bauleistungen einschließlich Baustoffen und Bauteilen sowie Hilfsbauten und Bauhilfsstoffe[352]. Der Baugrund und Bodenmassen sind nach § 1 Nr. 2 ABU versichert, soweit sie Bestandteil der Bauleistungen sind oder wenn dies besonders vereinbart ist.

---

346 Vgl. *Englert*, BauR 1996, 763.

347 *Rizkalla/Harder/Jebe/Vogel*, Schadensstatistik, 1991, S. 185.

348 BGBl. I (1994), S. 1630.

349 Beck-Kommentar: *Rüßmann*, Teil B, 1997, Anh. § 7 Rn. 4.

350 Ingenstau-Korbion *Oppler*, VOB, 2004, VOB/B § 7 Nr. 1-3 Rn. 28.

351 Bedingungen der Saarländischen Versicherungs AG vom 1. Januar 1995. Diese Bedingungen werden hier zugrunde gelegt.

352 Siehe zur Abgrenzung der Begriffe: *Englert*, BauR 2004, 233 ff.

Wichtig ist nunmehr, dass nach § 2 Nr. 2 lit. a) ABU Entschädigung nicht geleistet wird für „Mängel" der versicherten Bauleistungen und sonstiger versicherter Sachen. Kosten, die dem Bauunternehmer durch die Behebung von Mängeln entstehen, fallen also nicht unter den Versicherungsschutz der Bauleistungsversicherung[353]. Deshalb ist in jedem Einzelfall eine Abgrenzung zwischen versicherbaren Sachschäden (Beschädigung oder Zerstörung) nach § 2 Nr. 1 ABU und nicht versicherbaren Mängeln nach § 2 Nr. 2 lit. a) ABU erforderlich.

Unter einer versicherbaren Beschädigung – bzw. Zerstörung – einer Sache ist „eine *körperliche Einwirkung auf die Substanz* einer bereits bestehenden Sache zu verstehen, die eine Veränderung der äußeren Erscheinung und Form mit sich bringt; ein zunächst vorhanden gewesener Zustand muß beeinträchtigt worden sein"[354]. Maßgeblich für die Abgrenzung von Sachschäden zu Leistungsmängeln ist somit das Kriterium der körperlichen Einwirkung auf die Substanz. Neben bloßen Mängeln werden mit diesem Kriterium nicht versicherbare Vermögensschäden ausgeschieden[355].

Eine körperliche Einwirkung auf die Bauleistung ist dann unproblematisch vorhanden, wenn etwa die vom Auftragnehmer hergestellte Wand durch ein Naturereignis nachträglich beschädigt oder zerstört wird. Im Baugrundbereich – insbesondere bei der hier zu untersuchenden Thematik – wird es jedoch häufig nicht zu Substanzbeeinträchtigungen der (Tiefbau-) Leistungen selbst kommen – wie z. B. einer Beschädigung der zur Baugrubensicherung hergestellten Bohrpfahlwand –, sondern oftmals zu bloßen Leistungserschwernissen[356]. Dies kann anhand eines Beispielsfalls von *Rehm*[357] verdeutlicht werden:

> *In einem Flussbett wird eine Pfeilergründung*[358] *für eine Brücke vorgenommen. Beim Rammen der Spundwand merkt der Auftragnehmer, dass er auf Widerstand im Baugrund stößt. Er erhöht deshalb die Schlagzahl bei den Bohlen.*

---

353 Grundlegend BGH, VersR 1954, 557.

354 BGH, VersR 1976, 629, 630 [Hervorhebung d. d. Verfasser]; so auch BGHZ 75, 50, 56; *Rehm*, Bauwesenversicherung, 1989, S. 33; *Platen*, Handbuch der Versicherung von Bauleistungen, 1995, Ziffer 3.2.1.1 und 3.2.3.1; *Thürmann*, Der Sachschadensbegriff, 1988, S. 131 ff.; Beck-Kommentar: *Rüßmann*, Teil B, 1997, Anh. § 7 Rn. 34; siehe auch Terbille *Buschbell*, MAH Versicherungsrecht, 2004, § 30 Rn. 23.

355 Beck-Kommentar: *Rüßmann*, Teil B, 1997, Anh. § 7 Rn. 34.

356 Vgl. aber *Grauvogl*, NZBau 2002, 592: Beschädigung einer Schlitzwand aufgrund chemischer Reaktion der Schlitzwandsuspension mit dem Grundwasser.

357 in: Bauwesenversicherung, 1989, S. 33 – leicht abgewandelt.

358 *Peter*, Bautechnik, 2001, S. 134: Gründung ist derjenige Teil des Baukörpers, der die gesamten Lasten in den Baugrund einleitet.

Wenig später, nachdem die Spundwand steht, tritt jedoch ein Grundbruch[359] *ein. Als Ursache dieses Grundbruchs wird festgestellt, dass die Spundwand*[360] *aufgrund der vorstehenden Baugrundprobleme nicht geschlossen ist. Der Auftragnehmer muss nun durch Zusatzmaßnahmen eine geschlossene Spundwand herstellen.*

Da hier nicht der körperliche Zustand der Spundwand nachträglich verändert wurde und es somit zu keiner Einwirkung auf die Substanz der Spundwand gekommen ist, besteht keine Einstandspflicht des Versicherers für Mehrkosten zur nachträglichen Herstellung der geschlossenen Spundwand[361]. Die bloße Leistungserschwernis für den Auftragnehmer stellt einen „Mangel" und keinen Sachschaden i. S. des Versicherungsrechtes dar. Selbst wenn ein Mangel zu „weiterfressenden" – grundsätzlich versicherbaren – Schäden an anderen Bauleistungen führt, so sind die Kosten der reinen Mängelbeseitigungsleistungen nicht von der Versicherung abgedeckt[362].

Andererseits hat der BGH auch schon die bloße baugrundbedingte Erschwernis (Verschlammungen des Baugrundes) beim Wiederausbau installierter Wasserhaltungsanlagen (Rohrleitungen, Pumpen und Brunnenanschlüsse) genügen lassen, ohne dass eine Substanzbeeinträchtigung der Anlagen vorlag. Allerdings wurde hier die Einschränkung gemacht, dass dies „im vorliegenden Fall" so sei[363].

Festzuhalten bleibt, dass es sich bei den hier relevanten Sachverhalten oft um reine Leistungserschwernisse handeln wird, für die grundsätzlich kein Versicherungsschutz besteht[364]. Damit bestehen bei Leistungserschwernissen aus dem Baugrundbereich neben den bereits angedeuteten hohen Kostenrisiken jedenfalls erhebliche versicherungsrechtliche Unsicherheiten. Baugrundprobleme bilden für den Auftragnehmer somit ein gewichtiges Risikopotential, das für ihn

359 *Peter*, Bautechnik, 2001, S. 135: Grundbruch ist die Bezeichnung für den Bruch des Baugrundes.

360 *Peter*, Bautechnik, 2001, S. 291: Eine Spundwand ist eine Wand zur Baugrubensicherung, bestehend aus in den Boden gerammten und miteinander verbundenen Bohlen, insbesondere zum Schutz gegen Wasser und Fließsand.

361 *Rehm*, Bauwesenversicherung, 1989, S. 33.

362 BGHZ 75, 50, 60.

363 BauR 1985, 349.

364 Siehe im Übrigen zur Versicherbarkeit von Tiefbauleistungen noch die Klauseln 63, 64 und 65 zu den ABU sowie Zusatzbedingung 67 zu den ABN; OLG Köln, Urteil vom 13.08.2002 – 9 U 191/01= IBR 2003, 513 sowie *Englert/Grauvogl/Maurer*, Handbuch, 2004, Rn. 1248 ff.

regelmäßig – mangels anderweitiger Anhaltspunkte – einen vertragswesentlichen Umstand darstellt.
Ein durchschnittlicher Auftragnehmer würde daher einen Bauvertrag bei Kenntnis des Auftretens von Baugrundproblemen – ohne deren kalkulatorische Berücksichtigung – nicht abschließen.

(3) „Normatives" Element der Geschäftsgrundlage
Dem dritten, sog. „normativen" Element der Geschäftsgrundlage kommt schließlich eine zentrale Bedeutung zu. Nicht jegliche Störung im Bauvertrag, die das Äquivalenzverhältnis des Vertrages berührt, ist nach § 313 BGB relevant. § 313 Abs. 1 BGB fordert, dass die Partei*en* den Vertrag bei Kenntnis der tatsächlichen Umstände nicht oder mit anderem Inhalt abgeschlossen hätten. In die Betrachtung ist also nicht lediglich das Interesse der anspruchstellenden Partei einzubeziehen, sondern auch und gerade das Interesse der Gegenpartei. Das Interesse der anspruchstellenden Partei wurde soeben (hypothetisches Element der Geschäftsgrundlage) abgehandelt. Nunmehr gilt es, das Interesse der nicht benachteiligten Partei – vorliegend des Auftraggebers – zu beleuchten.

Dabei ist ausschlaggebend die Frage, ob sich die nicht benachteiligte Partei bei Kenntnis der tatsächlichen Umstände redlicherweise nach Treu und Glauben auf die geänderten Bedingungen hätte einlassen müssen[365]. Dies ist dann zu verneinen, wenn die Störung *ausschließlich* in den Risikobereich der benachteiligten Partei fällt[366].

Vorliegend irren die Parteien über die konkrete technische Vereinbarkeit des Baugrundes mit dem vom Auftraggeber angegebenen Baugrundverfahren. Der gemeinschaftliche Irrtum wäre daher im Rahmen des § 313 BGB grundsätzlich unbeachtlich, würde er sich ausschließlich als eine Störung in der Risikosphäre des Auftragnehmers darstellen.

Daher ist aufzuzeigen, dass sich die Verwirklichung von Systemrisiken nicht ausschließlich in der Risikosphäre des Auftragnehmers niederschlägt.

---

365 BGHZ 25, 390, 393; Jauernig *Vollkommer*, BGB, 2003, § 313 Rn. 25.

366 *Schmidt-Räntsch*, Schuldrecht, 2002, Rn. 616; Palandt *Grüneberg*, BGB, 2006, § 313 Rn. 38; Jauernig *Vollkommer*, BGB, 2003, § 313 Rn. 20; Haas/Medicus/Rolland/Schäfer/Wendtland: *Medicus*, Schuldrecht, 2002, 3. Kapitel Rn. 176. Aus der Rechtsprechung: BGH, BauR 1993, 458, 463; BGHZ 74, 370, 373; BGHZ 121, 378, 392; BGH NJW 1992, 2690, 2691.

(aa) Normativer Risikobereich der gestörten Motivation

Maßgeblich ist, ob die eingetretene Störung aufgrund „normativer Risikozuweisung"[367] der einen oder anderen Partei auferlegt ist[368]. Die Risikoanalyse hat sich also am dispositiven Gesetzesrecht zu orientieren[369]. Wird das Risiko danach nicht oder nicht ausreichend berücksichtigt, kommt § 313 BGB in Betracht[370].

Vorliegend ist somit zu untersuchen, ob der Auftragnehmer nach den gesetzlichen Regelungen des Werkvertragsrechts (§§ 631 ff. BGB) das Risiko der technischen Unvereinbarkeit der Elemente Baugrund und Baugrundverfahren (alleine) zu tragen hat.

Risikobereich des Auftragnehmers

Nach § 644 Abs. 1 Satz 1 BGB bzw. § 12 Nr. 6 VOB/B trägt der Auftragnehmer die Vergütungsgefahr bis zur Abnahme des Werkes[371]. Die Vergütungsgefahr regelt die Frage, ob der Auftragnehmer eine Vergütung für bisherige Arbeiten und Aufwendungen verlangen kann, wenn das begonnene, teilweise oder ganz fertiggestellte Werk aus Gründen, die keine Partei zu vertreten hat, verschlechtert wird, untergeht oder sonst wie unausführbar wird[372].

Die Leistungsgefahr trägt der Auftragnehmer nach den §§ 631, 633 BGB i. V. mit § 275 BGB[373]. Die Leistungsgefahr regelt die Frage, ob der Auftragnehmer beim Auftreten von Leistungsstörungen zur (Neu-) Herstellung des Werkes verpflichtet bleibt[374].

Der Auftragnehmer hat also für eine zufällige Beeinträchtigung des Werkes bis zur Abnahme nach den vorstehenden Regelungen einzustehen und das Werk mangelfrei zu errichten[375].

Nach der Abnahme des Bauwerkes hat der Auftragnehmer Gewähr für die Mangelfreiheit seines Werkes zu leisten, §§ 633 Abs. 1 BGB, 13 Nr. 5 VOB/B. Diese

---

367 Palandt: *Heinrichs*, BGB, 2005, § 313 Rn. 16.

368 Vgl. auch *Falk/Maier*, Handbuch, 2003, Rn. 62.

369 *Medicus*, Bürgerliches Recht, 2004, Rn. 165a; BGHZ 74, 370, 373.

370 *Larenz*, Schuldrecht I, 1987, § 21 II, S. 323.

371 Eingehend *Kaiser*, FS Korbion, 1989, S. 197 ff.

372 Vgl. Palandt: *Sprau*, BGB, 2006, §§ 644, 645 Rn. 1, 4.

373 Handkommentar-BGB *Ebert*, 2005, §§ 644, 645 Rn. 3.

374 Vgl. Palandt: *Sprau*, BGB, 2006, §§ 644, 645 Rn. 1.

375 Vgl. nur Staudinger: *Peters*, BGB, Bd. II, 2003, § 644 Rn. 5.

Gewährleistung kommt einer „Garantiehaftung“[376] sehr nahe. Der Auftragnehmer hat Mängel unabhängig von seinem Verschulden zu beseitigen.

Der gesetzliche Risikobereich des Auftragnehmers ist somit grundsätzlich weit gefasst. Insbesondere hat er das – hier (auch) relevante – Risiko zu tragen, welches sich aus dem von ihm angewandten *Bauverfahren* ergibt (sog. Arbeitsrisiko): Generell können, wie bei jeder Bauleistung, technische Schwierigkeiten eines an sich geeigneten Bauverfahrens auftreten. Diese fallen in den alleinigen Risikobereich des Auftragnehmers, der den Leistungserfolg versprochen und nach § 4 Nr. 2 Abs. 1 VOB/B die Leistung unter „eigener Verantwortung“ auszuführen hat. Dies wird der Regelfall auftretender Erschwernisse sein.

Weiter kann die Leistung deshalb fehlgehen, weil der Auftragnehmer ein untaugliches Bauverfahren anwendet, wie etwa im sog. Blasbachtalbrücken-Fall des OLG Frankfurt[377]. Hier wurde für die Herstellung einer Brücke ein Bauverfahren in „Spannbetonbauweise“ ausgeschrieben und ausgeführt. Nach der Abnahme kam es zu Rissbildungen an der Brücke. Deren Vermeidung war erst aufgrund später gewonnener, neuer wissenschaftlicher und technischer Erkenntnisse möglich. Das verwandte Bauverfahren war hier also zum Zeitpunkt seiner Ausführung von vornherein untauglich, unabhängig von auftraggeberseitigen Ursachen. Sind Fremdursachen für das Versagen des Bauverfahrens auszuschließen, trägt der Auftragnehmer dieses Risiko alleine, und zwar sowohl vor als auch nach der Abnahme. Folgerichtig wurde auch eine Verantwortlichkeit des Auftragnehmers für die Rissbildungen dem Grunde nach durch das OLG Frankfurt bejaht.

Ähnlich liegt der Sachverhalt, der einem Urteil des BGH vom 17.05.1984 zugrunde liegt[378]: Auf einer Häuserfassade wurde zwecks Herstellung einer Wärmedämmung ein vom Auftraggeber vorgeschlagenes „Wärmedämmschutzsystem“ aufgebracht. Dieses entsprach auch noch zum Zeitpunkt der Abnahme den anerkannten Regeln der Technik, erwies sich danach aber als technisch generell untaugliches Wärmedämmsystem. Die Beeinträchtigung des Leistungserfolges war auch hier ausschließlich auf die Verwendung eines untauglichen Bausystems zurückzuführen. Die vom Auftraggeber als Vorleistung gestellte Fassade hatte keine Relevanz für die Tauglichkeit des Bausystems. Daher entschied der BGH auch zurecht, dass der Auftraggeber nur die *Mehr*kosten des neuen Systems („Sowieso“-Kosten) zu tragen hatte.

---

376 Nicklisch/Weick: *Nicklisch*, VOB, 2001, § 13 Rn. 48; *Falk/Maier*, Handbuch, 2003, Rn. 1118.

377 BauR 1983, 156.

378 BauR 1984, 510.

Solche Risiken von Bauverfahren, die „nicht auf von außen, insbesondere von Dritten gesetzten Ursachen“ beruhen, stellen das typische Arbeitsrisiko des Auftragnehmers dar[379]. Da es grundsätzlich Sache des Auftragnehmers ist, das Verfahren auszuwählen, mit dem der vertraglich geschuldete Erfolg herbeigeführt werden soll, ist es auch seine Sache, den Erfolg mit dem angewandten Verfahren zu erreichen. Für das Verfahren, allerdings auch „*nur* wirklich für das Verfahren“, hat der Auftragnehmer einzustehen[380]. Insoweit scheidet die Anwendbarkeit des § 313 BGB aus.

Baugrundbezogener Risikobereich des Auftraggebers

Es wurde bereits erörtert, dass vertraglich nicht vorausgesetzte Störungen aus dem Baugrundbereich grundsätzlich als sog. Baugrundrisiko in den Risikobereich des Auftraggebers fallen[381]. Der Auftraggeber trägt danach das *Unvorhersehbarkeitsrisiko des Baugrundes.* Der Baugrund zählt damit, was Unvorhersehbarkeitsrisiken anlangt, vom Grundsatz zum Gefahren- und Risikobereich des Auftraggebers[382], stellt also seinen „Verantwortungsbereich“ dar[383].

Dies schlägt auch auf mögliche Ansprüche nach den Grundsätzen des Wegfalls der Geschäftsgrundlage durch[384]. Eine nach § 313 BGB bzw. § 242 BGB relevante Störung aus dem Baugrundbereich liegt nach einer älteren Entscheidung des BGH etwa dann vor, wenn im Baugrund derartige Mengen von Grundwasser vorgefunden werden, dass der Bau dadurch wesentlich erschwert und verteuert wird[385].

Übertragung auf vorliegendes Thema

Liegen vertraglich nicht eigens geregelte Unvorhersehbarkeitsrisiken aus dem Baugrundbereich vor, trägt dieses Risiko grundsätzlich der Auftraggeber (sog.

---

379 Vgl. OLG Frankfurt, BauR 1983, 156, 157.

380 *Kapellmann/Schiffers*, Bd. 2, 2000, Rn. 1523 [Hervorhebung d. d. Verfasser].

381 Siehe dazu bereits 2. Kapitel.

382 *Kapellmann/Schiffers*, Vergütung, Bd. 1, 2000, Rn. 710; Heiermann/Riedl/Rusam: *Riedl*, VOB, 2004, B § 2 Rn. 29; Ingenstau/Korbion: *Kratzenberg*, VOB, 2004, VOB/A § 9 Rn. 54; Kleine-Möller/Merl/Oelmaier: *Kleine-Möller*, Handbuch, 2005, § 10 Rn. 325; Beck-Kommentar: *Jagenburg*, Teil B, 1997, Vor § 2 Rn. 211; Franke/Kemper/Zanner/Grünhagen: *Kemper*, VOB, 2005, § 2 VOB/B Rn. 132; wohl auch Nicklisch/Weick: *Nicklisch*, VOB, 2001, Einl §§ 4–13 Rn. 72 und § 13 Rn. 44.

383 Vgl. OLG Zweibrücken, Urteil v. 07.07.2004 – 1 U 1/04= IBR 2004, 557.

384 Bamberger/Roth: *Grüneberg*, BGB, 2003, § 313 Rn. 74; Anwaltkommentar: *Krebs*, 2002, § 313 Rn. 48; *Ax/von Amsberg/Schneider*, (Bau)Leistungen, 2003, S. 118 f.

385 BGH, NJW 1969, 233.

Baugrundrisiko). Kommt es zu einseitigen Leistungserschwernissen oder Beeinträchtigungen des Arbeitserfolges aufgrund technischer Schwierigkeiten des Baugrundverfahrens, trägt dieses Risiko der Auftragnehmer (sog. Arbeitsrisiko). Dies entspricht der normativen Risikoverteilung beim Bauvertrag.

Die Eigenheit der Realisierung von Systemrisiken in der im Rahmen von § 313 BGB zu beurteilenden Konstellation (ursächliches *Zusammenwirken* Baugrund und Baugrundverfahren) liegt aber gerade darin, dass weder das Eine noch das Andere vorliegt. Hier treten Leistungserschwernisse aufgrund ursächlicher *Wechselwirkungen* des Baugrundes mit dem angewandten Baugrundverfahren auf („gemischte Ursachen" [386]).

Kommt es während der Bauausführung zu schädigenden, jedoch nicht vermeidbaren bzw. nicht beherrschbaren Bodenreaktionen, die letztlich auf die nur *begrenzte Vorausberechenbarkeit* der *Bodenmechanik* zurückzuführen sind (Systemrisiko), so ist dies – im Hinblick auf die Realisierung der Bodenrisiken – mit der Risikolage beim Baugrundrisiko vergleichbar. Es ist nicht nur die Zusammensetzung des Baugrundes (Geologie des Bodens), über die lediglich Wahrscheinlichkeitsaussagen getroffen werden kann (Konstellation des Baugrundrisikos). Auch die Reaktion des Bodens während oder nach der Baudurchführung (Bodenmechanik) ist nur annäherungsweise prognostizierbar. Damit besteht in beiden Fällen die vergleichbare Gefahr, dass Leistungserschwernisse auftreten können, die aus naturgegebenen Unwägbarkeiten des Bodens resultieren, die für den Auftragnehmer nicht konkret vorhersehbar sind und auf die der Auftragnehmer auch keine Einflussmöglichkeiten hat (Unvorhersehbarkeitsrisiko).

Solche Unvorhersehbarkeitsrisiken aus dem Baugrund aber zählen nicht zum normativen Risikobereich des Auftragnehmers. Dies ist die Schlussfolgerung aus der zutreffenden rechtlichen Bewertung des Baugrundrisikos durch die Rechtsprechung und die Literatur.

Umstände außerhalb des Einfluss- und Risikobereichs des Auftragnehmers aber können im Rahmen des § 313 BGB zum Überschreiten dessen normativen Risikobereichs führen[387]. So liegen die Dinge hier. Es verwirklicht sich eben nicht nur das Arbeitsrisiko, sondern auch ein Risiko außerhalb der Einflussmöglichkeiten (Baugrund) und dem Risikobereich (§ 645 BGB) des Auftragnehmers. Das grundsätzlich in den Verantwortungsbereich des Auftragnehmers fallende Baugrundverfahren ist dann das Eine, die nicht beherrschbaren naturwissenschaftlichen Reaktionen des Baugrundes das Andere. Deshalb ist der normative Risikobereich des Auftragnehmers vorliegend überschritten bzw. fällt das Sys-

386 Vgl. *Siegburg*, Handbuch Gewährleistung, 2000, Rn. 1488.

387 Palandt: *Grüneberg*, BGB, 2006, § 313 Rn. 32; Bamberger/Roth: *Grüneberg*, BGB, 2002, § 313 Rn. 47.

temrisiko nicht in seinen ausschließlichen Risikobereich. § 313 BGB ist damit anwendbar.

(bb) Wirtschaftliches Wagnis als Risikobereich des Auftragnehmers

Jeder Durchführung von Bauleistungen liegen unternehmerische Risiken, also Unsicherheiten hinsichtlich leistungs- oder wertrelevanter Umstände oder Entwicklungen, zugrunde[388]. Es ist bekannt, dass eine Baudurchführung – insbesondere aufgrund des Langzeitcharakters des Bauvertrages – den verschiedensten Störungen unterliegen kann. Die Übernahme gewisser Risiken liegt in der Natur eines nahezu jeden auf dem Äquivalenzprinzip aufbauenden Austauschvertrages. Damit stellt sich die Verpflichtung zur Herstellung einer Bauleistung als ein *wirtschaftliches Wagnis* des Auftragnehmers dar[389]. Umstände innerhalb des von einem Auftragnehmer eingegangenen wirtschaftlichen Wagnisses aber fallen in seinen *ausschließlichen* Risikobereich[390].

Es wurde bereits ausgeführt, dass insoweit § 313 BGB ausscheidet. Deshalb ist nachfolgend auf das wirtschaftliche Wagnis des Auftragnehmers eines Bauvertrages näher einzugehen.

Der Auftragnehmer hat im Rahmen seiner *Vertragskalkulation* die Möglichkeit, einen sog. „*Wagniszuschlag*"[391] zu berücksichtigen. Mit diesem Zuschlag kann er beispielsweise drohenden Nachteilen aufgrund Lohn-, Preis- oder Lastensteigerungen während der Bauausführung vorbeugen[392]. Damit kann das einem jedem Bauvorhaben innewohnende „normale Unternehmerrisiko" durch einen Aufschlag auf den kalkulierten Vertragspreis wirtschaftlich abgesichert werden[393]. Deshalb kommt der Kalkulation von Bauleistungen auch vor dem Hintergrund der vertraglichen Risikoverteilung Bedeutung zu.

---

388 *Roth*, in: MünchKomm, BGB, Bd. 2a, 2003, § 313 Rn. 28.

389 Vgl. Ingenstau/Korbion: *Kratzenberg*, VOB, 2004, VOB/A § 9 Rn. 29, wonach das wirtschaftliche Wagnis im Rahmen von Bauverträgen „ohnehin schon recht hoch" liege. Siehe dazu auch *Schubert*, Die Erfaßbarkeit des Risikos, 1971.

390 Vgl. Beck-Kommentar: *Jagenburg*, Teil B, 1997, Vor § 2 Rn. 218 u. 227.

391 Allgemein wird auch von „Risikoprämien": MünchKomm: *Roth*, BGB, Bd. 2a, 2003, § 313 Rn. 28; Anwaltkommentar: *Krebs*, 2002, § 313 Rn. 35 oder von „Risikozuschlag": Ingenstau/Korbion: *Kratzenberg*, VOB, 2004, VOB/A § 9 Rn. 30 gesprochen.

392 Vgl. Ingenstau/Korbion: *Keldungs*, VOB, 2004, VOB/B § 2 Nr. 1 Rn. 57.

393 Vgl. Ingenstau/Korbion: *Keldungs*, VOB, 2004, VOB/B § 2 Nr. 1 Rn. 57.

Exkurs: Grundsätze für die Preisermittlung von Bauleistungen (Kalkulation)
Das Verfahren für die Preisermittlung von Bauleistungen wurde von *Opitz*[394] entwickelt[395]. Danach werden zwei Verfahren unterschieden: die Preisermittlung über die Angebotssumme und die Ermittlung der Preise über eine Zuschlagsrechnung[396].

Das Verfahren der Preisermittlung über die Angebotssumme gliedert sich im Wesentlichen in zwei Teile: Zum einen sind die Aufwendungen des Auftragnehmers zu ermitteln, zum anderen enthält die Kalkulation einen *Zuschlag* für *Wagnis* und Gewinn.

Zu den Aufwendungen des Auftragnehmers zählen die „Einzelkosten der Teilleistung" und die „Gemeinkosten der Baustelle" (sog. Herstellkosten) zuzüglich der „Allgemeinen Geschäftskosten" und des Kapitaldienstes als Zwischenfinanzierung für die Baustelle. Diese vier Kalkulationselemente werden kalkulatorisch als „Selbstkosten" bezeichnet.

Mit Einzelkosten der Teilleistung werden die Kosten umschrieben, die unmittelbar für die einzelnen Teilleistungen aufgewendet werden müssen, die in ihrer Gesamtheit das Bauwerk bilden[397], wie etwa Materialkosten oder Lohnkosten für die Durchführung der Bauleistungen. Zu den Gemeinkosten der Baustelle zählen die Kosten, die nicht durch die einzelnen Teilleistungen, sondern durch die Gesamtheit des Bauens entstehen[398]. Typisches Beispiel ist ein Turmdrehkran, dessen Kosten des Betriebes und der Vorhaltung nicht einzelnen Teilleistungen zugeordnet werden können. Allgemeine Geschäftskosten sind Kosten, die dem Auftragnehmer generell durch den Betrieb seines Gewerbes entstehen, unabhängig vom konkreten Bauauftrag[399], etwa Kosten der Geschäftsleitung und der Verwaltung.

Diese Selbstkosten werden durch einen Zuschlag für Wagnis und Gewinn beaufschlagt. Der Zuschlag für Wagnis und Gewinn wird in der Regel in einem Prozentsatz ausgedrückt, bezogen auf den Umsatz (Nettoangebotspreis)[400]. Mit – dem hier unter dem Gesichtspunkt der Risikoverteilung relevanten – *Wagnis*

394 Selbstkostenermittlung, Teil 1, 4. Auflage, 1956.

395 So *Schubert/Reister*, Jahrbuch Baurecht, 1999, S. 254.

396 Mit vorliegender Arbeit wird ausschließlich auf das gebräuchliche Verfahren der Preisermittlung über die Angebotssumme eingegangen.

397 Ingenstau/Korbion: *Schranner*, VOB, 2004, VOB/A § 2 Rn. 23.

398 Ingenstau/Korbion: *Schranner*, VOB, 2004, VOB/A § 2 Rn. 23.

399 *Schubert/Reister*, Jahrbuch Baurecht, 1999, S. 256.

400 *Prange/Leimböck/Klaus*, Baukalkulation, 1995, S. 16.

wird die Gefahr bezeichnet, dass die wirtschaftliche Betätigung misslingt oder nicht den erwarteten oder erhofften Erfolg erbringt, wobei „Besondere Bauwagnisse" – spezielle Probleme der Baustelle –, „Allgemeine Bauwagnisse" – nicht objektspezifische Probleme des Bauens – und „Allgemeine Unternehmerwagnisse" – Probleme des gesamten Geschäftsbetriebes – unterschieden werden[401].

Den vorgenannten Kostenelementen ist schließlich noch die Umsatzsteuer zuzuschlagen, um eine Brutto-Angebotssumme zu erhalten[402].

Wirtschaftliches Wagnis

Realisieren sich Umstände, die innerhalb des vorstehenden kalkulatorischen wirtschaftlichen Wagnisses liegen, ist dies ausschließlich dem vertraglichen Risikobereich des Auftragnehmers zuzuordnen[403]. Da sich die Rechtsordnung nicht in gültig vereinbarte und mittels Risikoprämien vertraglich abgegoltene Risikoübernahmen einmischen und so dem einen Vertragsteil einen unverdienten Profit (sog. „windfall profit") verschaffen darf[404], kann § 313 BGB insoweit auch nicht greifen[405].

Damit stellt sich die Frage, welche Risiken vom wirtschaftlichen Wagnis des Auftragnehmers umfasst sind.

Der Auftragnehmer hat das nach *allgemeiner Erfahrung voraussehbare* wirtschaftliche Wagnis zu tragen[406]. Umstände, die sich im Rahmen dieses wirtschaftlichen Wagnisses bewegen, gehen daher zu Lasten des Auftragnehmers.

Damit kommt der *Voraussehbarkeit* des Eintritts von beeinträchtigenden Umständen beim Bauvertrag maßgebliche Bedeutung zu. Voraussehbare Änderungen begründen in der Regel keine Rechte aus § 313 BGB[407]. Der Auftragnehmer kann sich also bei voraussehbaren Erschwernissen der Baudurchführung

---

401 *Schubert/Reiser*, Jahrbuch Baurecht, 1999, S. 256-258; vgl. auch Ingenstau/Korbion: *Kratzenberg*, VOB, 2004, VOB/A § 9 Rn. 31.

402 Zu beachten ist jedoch § 13b Abs. 1 Satz 1 Nr. 4 Satz 1 UStG in der Fassung des Haushaltsbegleitgesetzes 2004 vom 29. Dezember 2003, BGBl. I (2003), S. 3076, Ber. BGBl. 2004 I S. 69; BStBl I S. 120. Danach gilt bei bestimmten Bauleistungen nunmehr die Steuerschuldnerschaft des Leistungsempfängers, also des Auftraggebers.

403 Vgl. Beck-Kommentar: *Jagenburg*, Teil B, 1997, Vor § 2 Rn. 218 u. 227.

404 Vgl. BGH, WM 1970, 907; 1978, 1008; 1981, 66; BGHZ 74, 370, 373; BGH, ZIP 1993, 955, 960.

405 MünchKomm: *Roth*, BGB, Bd. 2a, 2003, § 313 Rn. 37.

406 Vgl. Ingenstau/Korbion: *Keldungs*, VOB, 2004, VOB/B § 2 Nr. 1 Rn. 57.

407 BGHZ 2, 176, 188; BGH, WM 72, 656, 657; OLG München, BauR 1985, 330, 332.

grundsätzlich nicht auf den Wegfall der Geschäftsgrundlage berufen[408]. Diese Erschwernisse hätte er kalkulieren und damit in den Vertragspreis einfließen lassen können. Etwas anderes kann allenfalls dann gelten, wenn beide Parteien davon ausgegangen sind, dass die objektiv voraussehbare Entwicklung nicht eintreten werde[409].

Voraussehbarkeit

Das Merkmal der Voraussehbarkeit ist nicht „absolut" im dem Sinne zu verstehen, dass jeder auch noch so unwahrscheinliche, aber eben doch im Bereich des Vorstellbaren liegende Umstand erfasst ist. Deshalb ist auch insoweit *Cuypers* entgegenzutreten, der meint, das Risiko, welches in der Beschaffenheit des Baugrundes liege, sei „allseits bekannt", weshalb das Rechtsinstitut des Wegfalls der Geschäftsgrundlage nicht passe[410]. Dabei wird nicht beachtet, dass es bei Baugrundrisiken um objektspezifische Risiken und damit um *konkrete* Risiken des Bauvorhabens geht. Diese müssen im Einzelfall voraussehbar sein. Abstrakt voraussehbar ist nahezu alles.

Vorhersehbar und damit – realistisch – kalkulierbar sind hiernach nur solche Umstände, die „nach allgemeiner Erfahrung" eintreten können und somit zum „normalen Unternehmerrisiko"[411] bzw. zum „normalen Vertragsrisiko"[412] zählen. Maßgeblich ist danach, was für einen „durchschnittlich sorgfältigen Baubeteiligten" konkret als Risiko erkennbar war[413]. Dem durchschnittlichen Baubeteiligten sind dabei die besonderen Fachkenntnissen zur Durchführung der geschuldeten Leistung zu unterstellen[414].

Für Systemrisiken ist auf dieser Grundlage wie folgt zu differenzieren:

War zum Zeitpunkt des Vertragsabschlusses eine „Gefahrneigung"[415] des Baugrundverfahrens – in Gestalt möglicher schädigender Wechselwirkungen mit dem Baugrund – in der Wissenschaft bzw. in den einschlägigen technischen

408 Ingenstau/Korbion: *Keldungs*, VOB, 2004, VOB/B § 2 Nr. 7 Rn. 25; Jauernig: *Vollkommer*, BGB, 2003, § 313 Rn. 24; Erman: *Hohloch*, BGB, 2004, § 313 Rn. 24.

409 BGHZ 112, 259, 261.

410 in: Bauvertragsrecht, 2002, A Rn. 215.

411 Ingenstau/Korbion: *Keldungs*, VOB, 2004, VOB/B § 2 Nr. 1 Rn. 57; Beck-Kommentar: *Jagenburg*, Teil B, 1997, Vor § 2 Rn. 216.

412 Beck-Kurz-Kommentare: *Kapellmann*, 2003, VOB/B § 2 Rn. 280; *Larenz*, Schuldrecht I, 1987, § 21 II, S. 325.

413 Beck-Kurz-Kommentare: *Kapellmann*, 2003, VOB/B § 2 Rn. 280.

414 Vgl. BGH, BauR 1987, 683, 684.

415 *Ganten*, BauR 2000, 645.

Fachkreisen generell nicht bekannt, so war das sich dennoch realisierende Systemrisiko für den Auftragnehmer auch nicht erkennbar und nicht voraussehbar. Dieses Risiko ist dann auch nicht vom wirtschaftlichen Wagnis des Auftragnehmers umfasst.

Für alle anderen Fälle, in denen die generelle Gefahrneigung der Baugrundtechnik zum Zeitpunkt des Vertragschlusses in der Wissenschaft bzw. in den einschlägigen technischen Fachkreisen generell bekannt war, ist maßgeblich, ob für den Auftragnehmer mit der Realisierung der Gefahr bezogen auf das *konkrete* Bauvorhaben *erfahrungsgemäß zu rechnen* war. Für diese Beurteilung sind die für die geschuldete Bauleistung erforderlichen besonderen Fachkenntnisse eines Auftragnehmers zugrunde zu legen. War danach mit der Realisierung der Gefahr zu rechnen, war das Risiko für den Auftragnehmer erkennbar und voraussehbar, was zur Folge hat, dass er dieses Risiko im Rahmen des von ihm übernommenen wirtschaftlichen Wagnisses alleine zu tragen hat. War mit der Realisierung der Gefahr nicht zu rechnen, so war die Verwirklichung des Systemrisikos für den Auftragnehmer auch nicht erkennbar und vorhersehbar und kann damit auch nicht Gegenstand des von ihm übernommenen wirtschaftlichen Wagnisses sein.

Die Frage der Voraussehbarkeit der Gefahrneigung eines Bausystems ist im Streitfall letztlich durch einen Sachverständigen zu klären. Nach einer Untersuchung über die Ursachen und die Entstehung von Bauschäden im Bereich des Spezialtiefbaus von 1987 bis 1990 waren 24 % der bei der Baugrubenerstellung aufgetretenen Schäden auf unvorhersehbare Einflüsse oder nicht feststellbare Ursachen zurückzuführen[416]. Derartige – unvorhersehbare – Risiken sind einer Anpassung nach § 313 BGB grundsätzlich zugänglich.

(4) Zwischenergebnis zum Tatbestand der Geschäftsgrundlage

Plant der Auftraggeber das Bauvorhaben und gibt er dem Auftragnehmer die hiernach als geeignet ermittelte (Tiefbau-) Technik an, hat dies bezogen auf die Geschäftsgrundlage des Vertrages folgende Konsequenz: Mangels anderer Anhaltspunkte ist es Geschäftsgrundlage der Bauvertragsparteien, dass der vom Auftraggeber zur Ermöglichung der Bauproduktion zur Verfügung gestellte Baugrund mit dem angegebenen Baugrundverfahren technisch zu bewältigen ist und dass insoweit technisch unbeherrschbare Erschwernisse ausbleiben („Kompatibilität"). Treten solche systembedingten Erschwernisse dennoch auf, unterlagen die Bauvertragsparteien bei Vertragsabschluss einem gemeinschaftlichen Irrtum. Ihre Vorstellungen haben sich dann als „falsch" i. S. des § 313 Abs. 2 BGB

416 *Rizkalla/Harder/Jebe/Vogel*, Schadensstatistik, 1991, S. 181 (Abbildung. 5a).

herausgestellt. Waren die Erschwernisse zum Zeitpunkt des Vertragsabschlusses für den Auftragnehmer nicht vorhersehbar, so ist der Anwendungsbereich des § 313 BGB eröffnet.

d. Unzumutbarkeit des Festhaltens am unveränderten Vertrag

Ein wesentliches Prinzip des Privatrechtes stellt der Grundsatz *pacta sunt servanda* dar[417]. Danach sind abgeschlossene Verträge grundsätzlich auch unter erschwerten, außergewöhnlichen, nur schwer vorhersehbaren oder gar zufallsbedingten Umständen und Entwicklungen einzuhalten[418]. Von diesem Grundsatz macht § 313 BGB eine bedeutende Ausnahme[419]. Wenn eine „schwerwiegende" Veränderung der vertraglich vorausgesetzten Umstände i. S. von § 313 Abs. 1 BGB eintritt bzw. sich „wesentliche" Vorstellungen der Parteien i. S. von § 313 Abs. 2 BGB als falsch herausgestellt haben und der benachteiligten Partei deshalb ein Festhalten am unveränderten Vertrag „nicht zugemutet" werden kann, so darf in den Vertrag bei Vorliegen der weiteren Voraussetzungen des § 313 BGB korrigierend eingegriffen werden[420]. Damit ist das Vorliegen einer schwerwiegenden Veränderung der vertraglich vorausgesetzten Umstände und die daraus resultierende Unzumutbarkeit des Festhaltens am unveränderten Vertrag erforderliche, aber auch hinreichende Voraussetzung des § 313 BGB.

Diesen Grundsätzen entsprechend verlangt auch die Regelung des § 2 Nr. 7 Abs. 1 Satz 2 VOB/B für eine Anpassung von (Pauschalpreis-) Verträgen, dass die ausgeführte Leistung von der vertraglich vorgesehenen so „erheblich" abweichen muss, dass ein Festhalten an der Pauschalsumme nicht „zumutbar" ist.

Es besteht daher in Rechtsprechung und Literatur im Grundsatz Einigkeit, dass die Anwendbarkeit des § 313 BGB (bzw. des § 2 Nr. 7 Abs. 1 Satz 2 VOB/B) das Erreichen einer sog. „Opfergrenze" [421] auf Seiten der anspruchstellenden Partei erfordert. Nur bei Überschreiten dieser Opfergrenze ist es der anspruchstellenden Partei unzumutbar, am unveränderten Vertrag festgehalten zu werden. Mit

417 Vgl. Erman: *Hohloch*, BGB, 2004, § 313 Rn. 2.

418 *Kapellmann/Schiffers*, Vergütung, 2000, Bd. 2, Rn. 1501; MünchKomm: *Roth*, BGB, Bd. 2a, 2003, § 313 Rn. 20 ff.; Erman: *Hohloch*, BGB, 2004, § 313 Rn. 16.

419 Jauernig: *Vollkommer*, BGB, 2003, § 313 Rn. 2.

420 Die Tatbestandsmerkmale „schwerwiegend" und „wesentlich" sind inhaltlich gleichwertig: MünchKomm: *Roth*, BGB, Bd. 2a, 2003, § 313 Rn. 11.

421 *Werner/Pastor*, Bauprozess, 2005, Rn. 1203; MünchKomm: *Roth*, BGB, Bd. 2a, 2003, § 313 Rn. 49; *Kapellmann/Schiffers*, Vergütung, 2000, Bd. 2, Rn. 1533; *Schäfer/Ott*, Lehrbuch ökonomische Analyse, 2000, S. 406.

der Opfergrenze ist aus der Sicht des Auftragnehmers eines Bauvertrages das Verhältnis der vertraglich vereinbarten Vergütung zu den tatsächlichen, durch die Vertragsstörung entstandenen Mehraufwendungen angesprochen[422].
Dem *Kriterium der Zumutbarkeit* kommt daher im Rahmen des § 313 BGB eine wichtige Bedeutung zu.

Unter welchen Voraussetzungen eine nach § 313 BGB relevante „Äquivalenzstörung"[423] und damit eine Unzumutbarkeit des Festhaltens am unveränderten Vertrag vorliegt, soll nunmehr geklärt werden. Zunächst wird untersucht, ob insoweit im Bereich des privaten Baurechts allgemein gültige Zumutbarkeitsgrenzen als feststehende „Risikomargen" anzuerkennen sind (nachstehend (1)). Danach werden die generell relevanten Zumutbarkeitskriterien dargestellt (nachstehend (2)), um schließlich vorliegendes Thema hierunter zu subsumieren (nachstehend (3)).

(1) Allgemein gültige Zumutbarkeitsgrenzen im privaten Baurecht?
(aa) Rechtsprechung
Nach ständiger Rechtsprechung ist es einer Partei dann unzumutbar, am unveränderten Vertrag festgehalten zu werden, wenn „ein Festhalten an der ursprünglichen Regelung zu einem untragbaren, mit Recht und Gerechtigkeit schlechthin nicht mehr zu vereinbarenden Ergebnis führen würde"[424]. Damit wird der unbestimmte Rechtsbegriff der (Un-) Zumutbarkeit durch weitere unbestimmte Rechtsbegriffe ersetzt.

Im Bereich des privaten Baurechts hat sich die Rechtsprechung indes um Konturierung des Begriffs der (Un-) Zumutbarkeit bemüht.

Die Hauptanwendungsfälle des Wegfalls der Geschäftsgrundlage im privaten Baurecht sind Abweichungen der vertraglich vorausgesetzten Mengen von den tatsächlich angefallenen beim Pauschalvertrag (vgl. § 2 Nr. 7 Abs. 1 Satz 2 VOB/B)[425]. Hier ist in der (obergerichtlichen) Rechtsprechung deutlich eine Orientierung an einer 20 %-Grenze als feststehende Opfergrenze („Risikomarge") festzustellen[426].

---

422 Vgl. Ingenstau/Korbion: *Keldungs*, VOB, 2004, VOB/B § 2 Nr. 1 Rn. 50.

423 OLG München, BauR 1985, 330, 331.

424 BGHZ 121, 378, 393; 128, 230, 238; 133, 316, 321; BGH, NJW-RR 1995, 1360.

425 Vgl. *Boldt*, Der neue Bauvertrag, 2002, Rn. 395; *Kapellmann/Schiffers*, Vergütung, Bd. 2, 2000, Rn. 1513. Vgl. auch BGH, BauR 2004, 78, 81.

426 Siehe OLG Düsseldorf, BauR 1976, 363; OLG Düsseldorf, BauR 1995, 286; OLG Düsseldorf, BauR 2001, 803; OLG München, NJW-RR 1987, 598; OLG Frankfurt, NJW-RR 1986, 572; OLG Stuttgart, BauR 1992, 639; OLG Hamm, BauR 1998, 132; OLG Hamm, BauR 1993, 88; OLG Zweibrücken, BauR 1989, 746; OLG Schleswig, MDR 2000, 580; OLG Hamburg, BB 1970, 688; OLG Köln, Urteil v. 19.3.1970 – 14 U 197/69 – zitiert nach *Werner/Pastor*, Bauprozess, 2005, Rn. 1203 (Fn. 295). Vgl. auch OLG Köln, BauR 2004, 506.

Danach sind regelmäßig 20 % Mehrkosten bzw. Mehrmassen gegenüber der vertraglich festgelegten Vergütung bzw. den vertraglich vorausgesetzten Massen als Anpassungsvoraussetzung erforderlich.

Ausgehend von dieser Rechtsprechung wird gefolgert, dass Mengenabweichungen zu einer Änderung des Pauschalpreises unter dem Gesichtspunkt des Wegfalls der Geschäftsgrundlage nur dann führen könnten, wenn sie „über etwa 20 %" lägen[427]. Der BGH hat jedoch demgegenüber – für § 2 Nr. 7 VOB/B – klargestellt, dass es *keine starre Risikogrenze* in Gestalt eines bestimmten Prozentsatzes gibt. Die Risikogrenze – und damit die Zumutbarkeitsgrenze – sei vielmehr unter Berücksichtigung „aller Besonderheiten" des jeweiligen Falles zu bestimmen[428].

Es ist jedoch nicht zu verkennen, dass sich die obergerichtliche Rechtsprechung im Rahmen der Hauptanwendungsfälle der Geschäftsgrundlage beim Bauvertrag (§ 2 Nr. 7 VOB/B) überwiegend an einer feststehenden 20 %-Grenze als Anspruchsvoraussetzung orientiert.

Ein Anpassungsanspruch des Auftragnehmers aufgrund (baugrundbedingter) Leistungserschwernisse wurde durch die Rechtsprechung in Ansehung der Opfergrenze nur selten bejaht[429]. Führt ein Auftragnehmer etwa Kanalbauarbeiten aus und stößt er dabei auf Schwierigkeiten, die Mehrkosten von 17 % gegenüber der Auftragssumme zur Folge haben, so soll dies keine unzumutbare Störung des Äquivalenzverhältnisses von Leistung und Gegenleistung darstellen[430]. Ebenso brauche die Erhöhung der aufgewandten Kosten um etwa 20 % noch nicht den Wegfall der Geschäftsgrundlage zur Folge haben[431]. Generell werden an die Unzumutbarkeit gerade bei auftretenden Leistungserschwernissen hohe Anforderungen gestellt[432].

(bb) Literatur

In der privatbaurechtlichen Literatur besteht im Grundsatz – übereinstimmend mit der Rechtsprechung des BGH – Einigkeit, dass die Beurteilung der Zumutbar-

---

427 So *Werner/Pastor*, Bauprozess, 2005, Rn. 1203.

428 BauR 1996, 250.

429 Vgl. BGH WM 69, 1019. Bejahend: BGH, NJW 1969, 233. Vgl. weiter die Darstellung der zur Geschäftsgrundlage relevanten Rechtsprechung für das Baurecht von *Riedl*, in: Heiermann/Riedl/Rusam, VOB, 2003, B § 2 Rn. 34.

430 OLG Köln, Urteil vom 19.3.1970, zitiert bei *Jagenburg*, NJW 1971, 1425.

431 BGH, S-F Z 2.311 Bl. 5.

432 Siehe Palandt: *Grüneberg*, BGB, 2006, § 313 Rn. 30-32.

keit nicht anhand feststehender Prozentsätze entschieden werden kann, sondern die jeweiligen Verhältnisse des Einzelfalls maßgeblich sind[433].

Dies gilt jedoch nicht uneingeschränkt für alle Vertreter der Literatur. Gerade im Bereich der Mengenabweichungen beim Pauschalvertrag werden teilweise – ähnlich der obergerichtlichen Rechtsprechung – gewisse prozentuale Mindestgrenzen als Anspruchsvoraussetzung benannt. So wird gefordert, dass die Abweichung „wesentlich über der Toleranzgrenze von 10 %“[434] liegen müsse bzw. es wird „mindestens das Vorliegen einer 20 % Kostensteigerung“[435] verlangt, bei Großunternehmen/ Großaufträgen soll wegen der Berücksichtigung der wirtschaftlichen Verhältnisse sogar eine Abweichung „deutlich in Richtung 30 %“[436] erforderlich sein.

(cc) Eigene Auffassung

Die Frage der Zumutbarkeit/Unzumutbarkeit des Festhaltens am Vertrag ist keiner schematisierenden Betrachtung zugänglich. Dies ergibt sich bereits aus der Definition der Unzumutbarkeit selbst. Unzumutbarkeit liegt (nur) dann vor, wenn „ein Festhalten an der ursprünglichen Regelung zu einem untragbaren, mit Recht und Gerechtigkeit schlechthin nicht mehr zu vereinbarenden Ergebnis führen würde“[437]. Es wäre aber von vornherein mit dem maßgeblichen Kriterium von Recht und Gerechtigkeit nicht zu vereinbaren – zugegebenermaßen zugunsten einer größeren Rechtssicherheit – sämtliche (Bau-) Verträge ohne Berücksichtigung der besonderen Umstände des Einzelfalles schablonenhaft zu behandeln. Gerade unterschiedliche Einzelfallumstände sind dazu geeignet, unterschiedliche Beurteilungen nach sich zu ziehen. Insbesondere diejenigen Sachverhalte, die überhaupt als Ausnahmefälle einer Beurteilung unter dem Gesichtspunkt des Wegfalls der Geschäftsgrundlage zugänglich sind, zeichnen sich i.d.R. durch atypische Sachverhaltsumstände aus. Dies führt dann zu der Frage, ob deshalb vom

433 Ingenstau/Korbion: *Keldungs*, VOB, 2004, VOB/B § 2 Nr. 7 Rn. 25; *Falk/Maier*, Handbuch, 2003, Rn. 384; Heiermann/Riedl/Rusam: *Riedl*, VOB, 2004, B § 2 Rn. 150; Nicklisch/Weick: *Weick*, VOB, 2001, § 2 Rn. 80 u. 81; *Kapellmann/Schiffers*, Vergütung, Bd. 2, Rn. 1533; MünchKomm: *Busche*, BGB, Bd. 4, 2005, § 631 Rn. 183.

434 Nicklisch/Weick: *Weick*, VOB, 2001, § 2 Rn. 80. Ebenso – unter Verweis auf § 2 Nr. 3 VOB/B – Kleine-Möller/Merl/Oelmaier: *Kleine-Möller*, 2005, § 10 Rn. 436; Staudinger: *Peters*, BGB, 2003, § 632 Rn. 79. *Kapellmann/Schiffers*, Vergütung, Bd. 2, 2000, Rn. 1534 haben aber überzeugend dargelegt, dass § 2 Nr. 3 VOB/B gerade keine Regelung ist, der eine Risikogrenze für Festpreisverträge entnommen werden könnte.

435 *Pauly*, MDR 1999, 1106.

436 *Pauly*, MDR 1999, 1106.

437 BGHZ 121, 378, 393; 128, 230, 238; 133, 316, 321; BGH, NJW-RR 1995, 1360.

Grundsatz *pacta sunt servanda* abgewichen werden kann. Dann aber sind auch und gerade die den jeweiligen Einzelfall prägenden Besonderheiten angemessen zu würdigen, was einer schematisierenden Betrachtungsweise widerspricht.

Deshalb ist dem BGH[438] zuzustimmen, wonach es keine starre, der Beurteilung der Zumutbarkeit zugrunde zu legende Risikogrenze in Gestalt eines bestimmten Prozentsatzes gibt, sondern alle Besonderheiten des Falles maßgeblich sind[439]. Dies wird nunmehr auch in § 313 BGB festgelegt. Danach hat die Abwägung unter Berücksichtigung „aller Umstände des Einzelfalls" zu erfolgen. Deshalb ist auch eine 20 %-Grenze – entgegen obergerichtlicher Rechtsprechungstendenzen – abzulehnen.

Für die mit vorliegender Arbeit zu beurteilenden Sachverhalte gilt es zudem – bezogen auf die vorstehende 20 %-Grenze – noch das Folgende zu berücksichtigen: Die Tendenz der Gerichte, diese Grenze als Mindestvoraussetzung der Anpassung von Bauverträgen zu fordern, betrifft Fälle der (reinen) Massenmehrung beim Pauschalvertrag. Gerade das Massenrisiko wird durch die Vereinbarung eines Pauschalpreises – in den Grenzen des § 2 Nr. 7 Abs. 1 Satz 2 VOB/B bzw. § 313 BGB – durch den Auftragnehmer vertraglich übernommen (sog. Massenermittlungsrisiko)[440]. Sinn und Zweck des Pauschalpreises ist es nämlich, eine Vergütung unabhängig von den tatsächlich verbauten Massen festzulegen. Diese besondere vertragliche Risikoübernahme des Auftragnehmers mag Anlass der Rechtsprechung sein, auch eine besondere Risikogrenze in Gestalt einer starren Prozentgrenze festlegen zu wollen. Die Verwirklichung von Systemrisiken jedoch führt i.d.R. nicht zu reinen durch das Pauschalierungsrisiko übernommenen Massenmehrungen. Vielmehr treten in derartigen Fällen Leistungserschwernisse auf, die mit der bloßen Mehrung von Massen – wie etwa einer tatsächlich zu bearbeitenden Dachfläche von 237 m^2 anstatt einer vertraglich vorausgesetzten von nur 211,8 m^2[441] – nichts zu tun haben. Dann aber kann die Rechtsprechung zu Massenmehrungen auf die vorliegend zu beurteilenden Fälle ohnehin nicht übertragen werden.

Festzuhalten bleibt, dass es feststehende Risikogrenzen der Unzumutbarkeit nicht gibt. Vielmehr ist eine jeweilige Einzelfallbetrachtung anhand der nachstehenden Zumutbarkeitskriterien erforderlich.

---

438 BGH, BauR 1996, 250.

439 *Falk/Maier*, Handbuch, 2003, Rn. 384.

440 Vgl. Staudinger: *Peters*, BGB, Bd. II, 2003, § 632 Rn. 79.

441 So der Sachverhalt bei OLG Schleswig, MDR 2000, 580.

(2) Kriterien zur Bestimmung der (Un-) Zumutbarkeit

Zentraler Aspekt der Bestimmung der Opfergrenze ist ausweislich § 313 Abs. 1 BGB die vertragliche oder gesetzliche **Risikoverteilung**. Diesem Gesichtspunkt kam auch schon vor der Kodifizierung des Wegfalls der Geschäftsgrundlage maßgebliche Bedeutung zu[442].

Insoweit wird im Schrifttum zu Recht hervorgehoben, dass es für die Beurteilung der Zumutbarkeit relevant sei, „wessen genereller, grundsätzlicher Risikobereich stärker berührt“[443] sei bzw. es wird zurecht darauf verwiesen, dass auch die „Ursachen“ für die Vertragsstörung Relevanz hätten[444].

Zur Bestimmung der Zumutbarkeitsgrenze ist deshalb eine Abgrenzung der Risikosphären der Parteien anhand der „**Typizität**“ des eingetretenen **Risikos** erforderlich[445].

Weitere Kriterien – neben der Risikoverteilung – für die Bestimmung des „Ob“[446] einer Neuzuordnung von Risiken sind: **Erkenntnis** oder **Voraussehbarkeit** des Risikos nach Art und Umfang[447], **Beherrschbarkeit** und **Beeinflussbarkeit** des Risikos durch die eine oder andere Partei[448] sowie die **wirtschaftliche Belastbarkeit** der Parteien mit den Risiken, gedacht als „Absorbierbarkeit des Nachteils gemäß einer parteitypischen oder rollenspezifischen Fähigkeit zur Risikoabsorption“ (insbesondere Versicherbarkeit)[449].

Die vorstehenden Kriterien stellen ein „bewegliches Wertungssystem“ dar, wonach sich aus keinem der Kriterien alleine eine absolute Geltungskraft für oder gegen eine Zumutbarkeit ableiten lässt[450]. Sie sind vielmehr in ihrer Gesamtheit zu berücksichtigen und zu werten.

---

442 Vgl. MünchKomm: *Roth*, BGB, Bd. 2a, 2003, § 313 Rn. 9; Anwaltkommentar: *Krebs*, 2002, § 313 Rn. 35.

443 *Kapellmann/Schiffers*, Vergütung, Bd. 2, 2000, Rn. 1531.

444 Vgl. Nicklisch/Weick: *Weick*, VOB, 2001, § 2 Rn. 81. Ähnlich OLG Düsseldorf, BauR 1995, 286.

445 MünchKomm: *Roth*, BGB, Bd. 2a, 2003, § 313 Rn. 70.

446 Und gleichzeitig auch des „Wie“: MünchKomm: *Roth*, BGB, Bd. 2a, 2003, § 313 Rn. 69.

447 BGH, WM 1965, 843; 1968, 1299, 1301; BGH, NJW 1973, 1793, 1794 f.; BGH, BB 1973, 1139; MünchKomm: *Roth*, BGB, Bd. 2a, 2003, § 313 Rn. 71; Anwaltkommentar: *Krebs*, 2002, § 313 Rn. 36; *Ulmer*, AcP 174 (1977), 185; *Köhler*, ZHR 144 (1980), 594.

448 BGH, ZIP 1993, 234; BGH, NJW-RR 1993, 880; MünchKomm: *Roth*, BGB, Bd. 2a, 2003, § 313 Rn. 72.

449 MünchKomm: *Roth*, BGB, Bd. 2a, 2003, § 313 Rn. 73; vgl. auch *Koller*, Risikozurechnung, 1979.

450 MünchKomm: *Roth*, BGB, Bd. 2a, 2003, § 313 Rn. 74.

(3) (Un-) Zumutbarkeit bei der Realisierung des Systemrisikos

(aa) Vertragliche Vergütung: Gewinnmarge

Der Ausgangspunkt zur Bestimmung der Opfergrenze ist, wie bereits angesprochen wurde, die dem Auftragnehmer vertraglich eingeräumte Vergütung[451]. Dieser Vergütung sind die systemrisikobedingten tatsächlichen Mehrkosten gegenüberzustellen.

Deshalb muss die konkrete Bestimmung der Opfergrenze schlechterdings auch das zentrale Element der vertraglichen Vergütung berücksichtigen: den kalkulierten *Gewinn.*

Einem Vertragsteil, der auf 10 Mio. EUR Vergütung 2 Mio. EUR Gewinn kalkuliert hat, ist es eher zuzumuten, Mehraufwendungen von 2 Mio. EUR zu tragen und damit „lediglich" den Gewinn preisgeben zu müssen, als einem Vertragsteil, der auf 10 Mio. EUR nur einen Gewinn von 0,5 Mio. EUR kalkuliert hat und der somit bei Mehraufwendungen von 2 Mio. EUR „echte" Mehraufwendungen von 1,5 Mio. EUR zu erbringen hätte.

Die vertraglich kalkulierte Gewinnmarge des Auftragnehmers ist daher bei der Bestimmung der Opfergrenze ebenfalls relevant[452], was in der privatbaurechtlichen Literatur oft nicht zum Ausdruck gebracht wird. Die Opfergrenze ist also nicht abstrakt zu bestimmen. Maßgeblich ist vielmehr die konkrete Vertragskalkulation des Auftragnehmers. Eine hoch kalkulierte Gewinnmarge spricht für ein „Mehr" an Zumutbarkeit. Dies muss dann aber konsequent auch in umgekehrter Richtung gelten, so dass eine niedere Gewinnmarge für ein „Weniger" an Zumutbarkeit spricht.

Zwar ist es zutreffend, dass alleine die Aufzehrung des erwarteten und kalkulierten Gewinns nicht ausreichend ist, eine Unzumutbarkeit des Festhaltens am Vertrag zu begründen[453]. Die konkret kalkulierte Gewinnspanne bei der Bestimmung der Opfergrenze unberücksichtigt zu lassen, kann aber, wie soeben dargelegt, ebenfalls nicht richtig sein.

Damit differiert die konkrete Opfergrenze im Einzelfall entsprechend der auftragnehmerseitigen Kalkulation. Diese Betrachtungsweise berücksichtigt neben den Interessen des Auftragnehmers auch angemessen diejenigen des Auftraggebers. Dieser profitiert bei ungestörter Vertragsdurchführung von einer moderaten Gewinnkalkulation des Auftragnehmers. Die „Kehrseite der Medaille" ist, dass bei Störungen eher Unzumutbarkeit des Festhaltens am Vertrag vorliegt.

---

451 Vgl. BGH, WM 69, 1019; *Werner/Pastor*, Bauprozess, 2005, Rn. 2497.

452 Vgl. *Keldungs*, in: Ingenstau/Korbion, VOB, 2004, VOB/B § 2 Nr. 1 Rn. 50 und Beck-Kommentar: *Jagenburg*, Teil B, 1997, Vor § 2 Rn. 207: „Tatsächlich" eingetretener Verlust ist maßgeblich.

453 So BGH, BB 1964, 1397; OLG München, BauR 1985, 330, 331.

In der Baubranche sind am Markt derzeit (Jahre 2003/2004) regelmäßig keine hohen Gewinnspannen durchsetzbar. Im Durchschnitt aller Fälle werden keine höheren Gewinnzuschläge als insgesamt 3 % bezogen auf die Gesamtvergütung kalkuliert[454]. Die Umsatzrenditen deutscher Baukonzerne sind seit 1995 sogar zunehmend auf 0 bis 0,5 % abgesunken[455]. Der Anteil der Bauinvestitionen am Bruttoinlandsprodukt ist seit den 60er Jahren des vorigen Jahrhunderts insgesamt rückläufig und das Wachstum der Bautätigkeit konnte mit dem gesamtwirtschaftlichen Wachstum nicht Schritt halten[456].

Würde man in dieser Phase etwa bei einem großen Bauvorhaben mit einem Auftragsvolumen von 50 Mio. EUR eine Opfergrenze von 20 % ansetzen und damit eine Anpassung erst bei Mehraufwendungen jenseits der 10 Mio. EUR befürworten, so hätte der Auftragnehmer Mehraufwendungen über einen – derzeit realistischen – Gewinn (3 %) hinaus in Höhe von 8,5 Mio. EUR (3 % von 50 Mio. EUR= 1,5 Mio. EUR).

Ein derartiger Verlust aber würde beispielsweise das Eigenkapital einer großen mittelständischen Bauunternehmung mehrfach übersteigen[457]. Dass sich dies auf das Unternehmen ruinös auswirken kann, braucht nicht näher ausgeführt zu werden. Ebenfalls ist klar, dass dies bei kleineren Auftragsvolumina wiederum anders aussehen kann[458].

(bb) Zumutbarkeitskriterien

Vor dem Hintergrund der Vertragskalkulation (Gewinn) ist zur Bestimmung der Opfergrenze, wie ausgeführt, weiter die vertragliche und gesetzliche *Risikoverteilung* zu bewerten. Konkret ist danach zu fragen, wessen genereller Risikobereich im Hinblick auf das die Vertragsstörung auslösende Risiko stärker betroffen ist.

Der Baugrund stellt grundsätzlich als ein vom Auftraggeber bereitgestellter (Werk-) Stoff den auftraggeberseitigen Risikobereich (§ 645 BGB) dar. Der Erfolg der angewandten Baugrundtechnik fällt demgegenüber als technisches Arbeitsrisiko in den auftragnehmerseitigen normativen Risikobereich. Beim Systemrisiko wirken diese Bereiche zusammen.

---

454 *Kapellmann/Schiffers*, Vergütung, Bd. 2, 2000, Rn. 1518. Vgl. auch BGH, NZBau 2003, 321, wonach neuerdings Vertragsstrafen über 5 % in AGB unwirksam sind, da der Auftragnehmer typischerweise durch den Verlust seines Vergütungsanspruchs von über 5 % unangemessen belastet werde.

455 *Nußbaumer/Nübel*, CTBR, Jahresband 2003, S. 89.

456 *Oepen/Paulsen*, Jahrbuch Baurecht, 2004, S. 413.

457 Vgl. *Kapellmann/Schiffers*, Vergütung, Bd. 2, 2000, Rn. 1533.

458 Wie hier *Kapellmann*, in: Beck-Kurz-Kommentare, 2003, VOB/B § 2 Rn. 279.

Bei der Bewertung dieser Risikofaktoren im Rahmen der Bestimmung der Zumutbarkeit ist nicht zu verkennen, dass das technische Arbeitsrisiko einen zentralen Risikobereich des Auftragnehmers darstellt. Es ist seine Sache, wie und mit welchen Mitteln er den Arbeitserfolg herbeiführen möchte. Scheitert der Arbeitserfolg daran, dass das angewandte Baugrundverfahren misslingt, so ist damit maßgeblich das technische Arbeitsrisiko als Verantwortungsbereich des Auftragnehmers angesprochen. Auf der anderen Seite ist der Baugrund die zentrale „Vorgabe“[459] des Auftraggebers. Der Baugrund spielt für das Gelingen eines nahezu jeden Bauvorhabens eine wichtige und zentrale Rolle. Das Risiko von Grund und Boden ist eines der problematischsten im gesamten Baugeschehen[460]. Wirkt sich die nur begrenzte Prognostizierbarkeit des Baugrundes und damit das verbleibende Restrisiko auf das Gelingen der Baugrundtechnik aus, so beeinträchtigt damit auch eine *Ursache aus einem wesentlichen Risiko- und Verantwortungsbereich des Auftraggebers* den Erfolg.

Zudem ist es für den Auftragnehmer nicht möglich, „konkret/individuell“[461], also bezogen auf das jeweilige Bauvorhaben, vorauszusehen, ob solche Risiken tatsächlich auftreten oder nicht. Es ist gerade die Eigenheit dieser Risiken, dass im Regelfall „alles gut“ geht, sie jedoch im Einzelfall auftreten, ohne dass dies konkret prognostizierbar wäre. Die Risiken sind somit für den Auftragnehmer regelmäßig *nicht voraussehbar.*

Auch *fehlt* die technische *Beherrschbarkeit* der Risiken. Selbst durch den Einsatz optimaler Techniken lassen sich Systemrisiken aufgrund der naturgegebenen Unwägbarkeiten des Baugrundes nicht sicher steuern.

Schließlich hat der Auftragnehmer oft *keine* Möglichkeit der *Risikoabsorption.* Als auftretende Leistungserschwernisse während der Bauphase sind Systemrisiken in großem Umfang nicht versicherbar, wie bereits an anderer Stelle erörtert wurde.

Die *Gesamtschau* der Wertungskriterien der Zumutbarkeit spricht daher für eine *tendenziell geringe Zumutbarkeitsschwelle.*

(cc) „Selbstbehalt“ des Anspruchsberechtigten

Eine weitere mit der Opfergrenze im Zusammenhang stehende – und nicht auf das vorliegende Thema beschränkte – Frage ist: Erhält der Anspruchsberechtigte bei Erreichen der Opfergrenze einen Anpassungsanspruch für sämtliche Mehr-

---

459 Vgl. *Siegburg*, FS Korbion, 1986, S. 411.

460 *Rehm*, Bauwesenversicherung, 1989, S. 43.

461 OLG München, BauR 2004, 680.

aufwendungen, also auch für die Aufwendungen bis zur Höhe der Opfergrenze[462], oder aber erhält der Anspruchsberechtigte lediglich einen Anpassungsanspruch im Hinblick auf diejenigen Mehraufwendungen, die oberhalb der Opfergrenze liegen[463]?

Im letzteren Fall kann man mit der Literatur[464] auch von einem „Selbstbehalt" des Anspruchsberechtigten sprechen. Dieser hat die Mehraufwendungen bis zur Höhe der Opfergrenze selbst zu tragen, gleichsam selbst zu behalten und bekommt lediglich die Mehraufwendungen oberhalb der Opfergrenze angepasst.

Für die Bestimmung der Höhe der Opfergrenze ist diese Fragestellung, die primär die Rechtsfolgenseite des § 313 BGB betrifft, ebenfalls von Bedeutung:

Es ist Ziel der Anpassung des Vertrages (Rechtsfolge), einen optimalen Interessenausgleich unter den (Bau-) Vertragsparteien anzustreben[465]. Maßgebliches Kriterium der Anpassung ist die Zumutbarkeit[466].

Bei der Bestimmung der Opfergrenze (Tatbestand) ist danach zu fragen, ob das Festhalten am Vertrag ein mit Recht und Gerechtigkeit zu vereinbarendes Ergebnis darstellt. Die Ermittlung der Opfergrenze orientiert sich ebenfalls am Kriterium der Zumutbarkeit.

Die Zumutbarkeit ist damit anerkanntermaßen neben der Bestimmung der Opfergrenze auch für die Vertragsanpassung von Bedeutung. Sowohl die Bestimmung der Opfergrenze als auch die nachgelagerte Vertragsanpassung richten sich also nach derselben Interessenabwägung[467].

Ein optimaler Interessenausgleich (Rechtsfolge) bzw. ein mit Recht und Gerechtigkeit zu vereinbarendes Ergebnis (Tatbestand) kann jedoch für beide Bauvertragsparteien nicht erreicht werden, wenn man eine tendenziell hohe Opfergrenze zur Voraussetzung der Vertragsanpassung macht und bis zu dieser

---

462 So OLG Düsseldorf, BauR 1995, 286; Ingenstau-Korbion: *Keldungs*, VOB, 2004, VOB/B § 2 Nr. 7 Rn. 29; Heiermann/Riedl/Rusam: *Riedl*, VOB, 2003, B § 2 Rn. 153a; Beck-Kommentar: *Jagenburg*, Teil B, 1997, § 2 Nr. 7 Rn. 74.

463 So OLG München, NJW-RR 1987, 598; *Werner/Pastor*, Bauprozess, 2005, Rn. 1203; *Vogel/Vogel*, BauR 1997, 562; *Zielemann*, FS Soergel, 1993, S. 313. Der BGH hat diese Frage bislang offengelassen: BauR 1996, 250.

464 *Kapellmann/Schiffers*, Vergütung, Bd. 2, 2000, Rn. 1535.

465 Palandt *Grüneberg*, BGB, 2006, § 313 Rn. 40.

466 Vgl. nur MünchKomm: *Roth*, BGB, Bd. 2a, 2003, § 313 Rn. 9.

467 MünchKomm: *Roth*, BGB, Bd. 2a, 2003, § 313 Rn. 101 u. 6: „Zwitterstellung zwischen Tatbestands- und Rechtsfolgenseite"; Palandt *Grüneberg*, BGB, 2006, § 313 Rn. 40; Jauernig: *Vollkommer*, BGB, 2003, § 313 Rn. 23; Anwaltkommentar: *Krebs*, 2002, § 313 Rn. 33. Anders *Ulmer*, AcP 174 (1977), 184, wonach die Zumutbarkeit nur bei der Auswahl der Rechtsfolge zu berücksichtigen sei.

Grenze keinen Ausgleich, bei Erreichen der Opfergrenze dem Auftragnehmer dann aber vollen Risikoausgleich gewährt[468]. Im ersten Fall – strenge Opfergrenze – ist der Auftragnehmer, wie dargelegt, in vielen Fällen zu Aufwendungen gezwungen, die zu seiner Vergütung – insbesondere unter Berücksichtigung der Gewinnspanne – in keinem angemessenen Verhältnis stehen. Im zweiten Fall – voller Ausgleich bei Erreichen der Opfergrenze – schlägt das Risiko voll zu Lasten des Auftraggebers um, wobei außer Acht gelassen wird, dass auch der Auftragnehmer generell ein Risiko zu tragen hat – wie sich an dem Erfordernis der Opfergrenze zeigt – und der Auftragnehmer in aller Regel auch ein Risiko kalkuliert hat (Wagniszuschlag).

Würde man etwa eine hohe Opfergrenze in Höhe von mindestens 20 % Mehrkosten gegenüber der vertraglich vereinbarten Vergütung einfordern, hätte dies folgende Konsequenz: In diesem Fall bekäme der Auftragnehmer bis zu 19,9 % Mehrkosten nichts, ab 20 % Mehrkosten alles angepasst[469]. Bis zur Opfergrenze wäre also der auftragnehmerseitig kalkulierte Gewinn- und Wagniszuschlag regelmäßig um ein Vielfaches überschritten. Ab der Opfergrenze würde der Auftragnehmer sogar seine kalkulierte Wagnis und den Gewinn voll erhalten.

Deshalb ist es mit der Auffassung von Teilen des Schrifttums[470] gerechtfertigt, die *Zumutbarkeitsschwelle* auf der Tatbestandsebene angemessen *abzusenken*, dem Auftragnehmer dann aber keinen vollen Ausgleich auf der Rechtsfolgenseite zu gewähren, sondern eine „gleitende Anpassung" in Form eines *Selbstbehaltes* vorzunehmen[471]. Danach behält der Auftragnehmer einen gewissen Mehraufwand selbst; darüber hinaus erfolgt eine Anpassung des Vertrages[472].

Dogmatisch lässt sich dieses Ergebnis durch die Doppelbedeutung des Kriteriums der Zumutbarkeit begründen. Ein und dasselbe *Wertungs*kriterium auf Tatbestands- und Rechtsfolgenseite (Zumutbarkeit) können sich auch wechselseitig bedingen. Insoweit wird die Absenkung der Opfergrenze auf der Tatbestandsseite auf der Rechtsfolgenseite durch einen Selbstbehalt kompensiert.

---

468 So OLG München, NJW-RR 1987, 598.

469 Beispiel nach *Kapellmann/Schiffers*, Vergütung, Bd. 2, 2000, Rn. 1535. Ähnliches Beispiel bei Beck-Kommentare: *Kapellmann*, 2003, VOB/B § 2 Rn. 289.

470 *Kapellmann/Schiffers*, Vergütung, Bd. 2, 2000, Rn. 1535; Beck-Kurz-Kommentare: *Kapellmann*, 2003, VOB/B § 2 Rn. 289; wohl auch *Zielemann*, FS Soergel, 1993, S. 312 f.; vgl. auch *Vogel/Vogel*, BauR 1997, 662.

471 Beck-Kurz-Kommentare: *Kapellmann*, 2003, VOB/B § 2 Rn. 289.

472 Näher unter nachstehender lit. R (1).

(dd) Folgerung

Dies alles – aktuell geringe Gewinnmargen, Gesamtschau der Kriterien der Zumutbarkeit, Anerkennung eines Selbstbehaltes des Auftragnehmers – führt dazu, die **Opfergrenze in den Fällen des Systemrisikos tendenziell niedrig** anzusetzen. Im Durchschnitt aller Fälle wird danach eine Opfergrenze von 20 % unangemessen hoch sein[473]. Feststehende Zahlen oder Prozentsätze lassen sich jedoch nicht nennen, da jeweils die gesamten Umstände des Einzelfalls zu berücksichtigen sind. Insbesondere dann, wenn die Möglichkeit des Versicherungsschutzes für den Auftragnehmer im Einzelfall gegeben war, kann eine andere Beurteilung gerechtfertigt sein. In diesem Fall ist das Kriterium der Absorbierbarkeit des Risikos bei der Zumutbarkeit zu seinen Lasten zu berücksichtigen. Entsprechendes gilt für den Fall etwa zukünftig steigender Gewinnmargen.

Eine „Aufweichung" der restriktiven Anpassungsvoraussetzungen wird auch durch die Rechtsprechung befürwortet, liegen besondere Einzelfallumstände vor. So ist nach der – allerdings älteren – Rechtsprechung des BGH „auch die Berufung auf das Fehlen der Geschäftsgrundlage unter den Oberbegriff der unzulässigen Rechtsausübung einzuordnen (...), die im Einzelfall auch dann angenommen werden kann, wenn das Festhalten am Vertrage wegen der besonderen Umstände des Falles, auch ohne dass ein grobes Mißverhältnis der beiderseitigen Leistungen vorzuliegen braucht, mit Treu und Glauben nicht mehr vereinbar ist"[474].

Freilich gilt es stets zu berücksichtigen, dass § 313 BGB eine Durchbrechung des Grundsatzes *pacta sunt servanda* darstellt und die Qualifikation der Regelung als Ausnahmevorschrift nicht durch extensive Auslegung der Anspruchsvoraussetzungen ausgehöhlt werden darf[475]. Deshalb muss dem Auftragnehmer immer eine „spürbare" Opfergrenze auferlegt werden. Dies ändert jedoch nichts daran, dass die Opfergrenze je nach Konstellation im Einzelfall tendenziell hoch oder niedrig gelagert ist.

Ist die – hier tendenziell niedrige – Zumutbarkeitsgrenze überschritten, stellt sich die Frage nach der Rechtsfolgenseite des § 313 BGB.

---

473 So allgemein auch *Kapellmann/Schiffers*, Vergütung, Bd. 2, 2000, Rn. 1533. Deshalb bedenklich *Pauly*, MDR 1999, 1104, der die Opfergrenze bei Großaufträgen/Großunternehmen sogar erhöhen will.

474 So BGH, VersR 1965, 803: 10 % Mehraufwendungen ausreichend. Zustimmend *Zielemann*, FS Soergel, 1993, S. 312; Beck-Kurz-Kommentare: *Kapellmann*, 2003, VOB/B § 2 Rn. 279; wohl auch *Heiermann*, BB 1975, 995; a.A. OLG Stuttgart, Urteil vom 07.08.2000 – 6 U 64/00= IBR 2000, 593.

475 Vgl. Erman: *Hohloch*, BGB, 2004, § 313 Rn. 16 u. 22; Schimmel/Buhlmann: *Rögler*, Handbuch Schuldrecht, 2002, D. IV. Rn. 25; Haas/Medicus/Rolland/Schäfer/Wendtland: *Medicus*, Schuldrecht, 2002, Kapitel 3 Rn. 183; Anwaltkommentar: *Krebs*, 2002, § 313 Rn. 5.

e. Rechtsfolge des § 313 BGB
Als Rechtsfolge normiert § 313 Abs. 3 BGB, dass der benachteiligte Teil vom Vertrag zurücktreten kann, wenn eine Anpassung des Vertrages nicht möglich oder einem Teil nicht zumutbar ist. Der Anpassungsanspruch selbst wird in § 313 Abs. 1 BGB festgeschrieben. Damit hat der Gesetzgeber zum Ausdruck gebracht, dass der Wegfall der Geschäftsgrundlage, wie nach bisherigem Recht, grundsätzlich nicht zur Auflösung des Vertrages, sondern zur Anpassung seines Inhalts an die veränderten Umstände führt[476]. Die Anpassung des Vertrages ist damit die vorrangige Rechtsfolge. Der Rücktritt – bzw. die Kündigung bei Dauerschuldverhältnissen – greift lediglich subsidiär als „Sekundärrechtsfolge" ein[477]. Eine vollständige Loslösung vom (Bau-) Vertrag wird daher nur in Ausnahmefällen in Betracht zu ziehen sein[478].

(1) Vertragsanpassung
Bei der gesetzlichen[479] Anpassung des Vertrages an die geänderten Umstände ist eine umfassende Abwägung der Interessen der (Bau-) Vertragsparteien erforderlich[480]. Ausgehend davon ist ein optimaler Interessenausgleich unter den (Bau-) Vertragsparteien anzustreben[481]. Das maßgebliche Kriterium der Anpassung ist, wie soeben dargestellt wurde, die Zumutbarkeit[482].

Als Mittel der Anpassung kommen grundsätzlich und bauvertragsübergreifend in Betracht: Herabsetzung oder Aufhebung einer Verbindlichkeit[483]; Ersatz von Aufwendungen für eine zwecklos gewordene Leistung[484]; Aufhebung der vertraglichen Pflichten und Begründung einer teilweisen Ersatzpflicht bzgl. des dem anderen Teil entgangenen Gewinns[485]; Stundung[486]; Gewährung von Teil-

476 BT-Drs. 14/6040, S. 176; Palandt: *Grüneberg*, BGB, 2006, § 313 Rn. 40; MünchKomm: Roth, BGB, Bd. 2a, 2003, § 313 Rn. 6.

477 MünchKomm: *Roth*, BGB, Bd. 2a, 2003, § 313 Rn. 6.

478 Vgl. aber BGH, NJW 1969, 233.

479 Siehe zu vertraglichen Anpassungsklauseln: *Baur*, Vertragliche Anpassungsregelungen, 1983, S. 30 ff.; *Lörcher*, DB 1996, 1269 ff.; *Horn*, NJW 1985, 1118.

480 BayObLG, NJW-RR 1989, 1294, 1296.

481 Palandt *Grüneberg*, BGB, 2006, § 313 Rn. 40.

482 MünchKomm: *Roth*, BGB, Bd. 2a, 2003, § 313 Rn. 9; Palandt *Grüneberg*, BGB, 2006, § 313 Rn. 40.

483 BGH, WM 71, 276.

484 BGH, LM (Bb) Nr. 20.

485 OLG Frankfurt, MDR 74, 401.

486 Palandt: *Grüneberg*, BGB, 2006, § 313 Rn. 40.

zahlungen; Einräumung eines Ausgleichsanspruchs[487]; hälftige Teilung des Risikos[488] bzw. Aufteilung eingetretener Verluste[489].

Dabei ist stets darauf zu achten, eine interessengerechte Verteilung des verwirklichten Risikos bei möglichst geringem Eingriff in die ursprüngliche Regelung herzustellen[490]. Deshalb wird es beim Bauvertrag vorwiegend um die Herstellung einer neuen „Preisregelung" gehen[491]. Konkret ist dem Auftraggeber im Rahmen der Vertragsanpassung eine angemessene Nachzahlungspflicht aufzuerlegen[492].

Die konkrete Anpassung der Vergütung wird immer einer „Schätzungsbandbreite" unterliegen[493].

Die hier vertretene Auffassung geht von einem Selbstbehalt des Auftragnehmers aus. Der Selbstbehalt erstreckt sich nach vorliegender Ansicht auf den tatsächlich kalkulierten Gewinn- und Wagniszuschlag des Auftragnehmers. Das gesetzliche Erfordernis der Opfergrenze (Zumutbarkeit) belegt, dass der Auftragnehmer eine „spürbare" Belastung tragen soll. Dann aber wäre es wertungswidersprüchlich, dem Auftragnehmer die Vergütungsbestandteile, denen keine tatsächlichen baulich bedingten Aufwendungen gegenüberstehen (Gewinn und Wagnis), zu belassen. Nach der Rechtsprechung erleidet der Auftragnehmer durch einen Verlust in Höhe von 5 % seines Vergütungsanspruchs einen spürbaren Verlust[494]. Diese Wertung kann als Untergrenze des Selbstbehaltes – unabhängig von der Gewinn- und Wagniskalkulation – dienen.

Die Vertragsanpassung zugunsten des Auftragnehmers findet jenseits des Selbstbehaltes statt. Im Rahmen dieser Anpassung sind wiederum die Interessenabwägungen, die schon im Rahmen der Bestimmung der Opfergrenze angezogen wurden, von entscheidender Bedeutung: Typizität, Erkenntnis oder Voraussehbarkeit, Beherrschbarkeit bzw. Beeinflussbarkeit und Absorbierbarkeit (Versicherbarkeit) des Risikos. Dies spricht auch hier gegen allzu hohe

487 BGH, NJW 1958, 906; 1962, 30.

488 BGH, NJW 1984, 1746, 1747; BGHZ 109, 224, 229.

489 Jauernig: *Vollkommer*, BGB, 2003, § 313 Rn. 28; Haas/Medicus/Rolland/Schäfer/Wendtland: *Medicus*, Schuldrecht, 2003, Kapitel 3 Rn. 178.

490 BGH, BauR 1996, 107, 111. MünchKomm: *Roth*, BGB, Bd. 2a, 2003, § 313 Rn. 102.

491 *Werner/Pastor*, Bauprozess, 2005, Rn. 2485.

492 Vgl. *Fikentscher*, Geschäftsgrundlage, 1971, S. 62 u. 67; so auch *Ax/von Amsberg/Schneider*, (Bau)Leistungen, 2003, S. 117.

493 Beck-Kurz-Kommentare: *Kapellmann*, 2003, VOB/B § 2 Rn. 289.

494 So BGH, NZBau 2003, 321.

Zumutbarkeitsschranken. Deshalb wird dem Auftraggeber regelmäßig eine hälftige Kostenbeteiligung an den Mehraufwendungen zumutbar sein, die den auftragnehmerseitigen Selbstbehalt übersteigen[495].

Insgesamt erfolgt somit eine Verteilung systemrisikobedingter Mehrkosten unter den Bauvertragsparteien.

(2) Ökonomische Analyse des zivilen Vertragsrechts

Das so gefundene Ergebnis (Kostenteilung) ist auch weitgehend mit den Grundsätzen der ökonomischen Analyse des zivilen Vertragsrechts zu vereinbaren. Das Ergebnis entspricht daher auch ökonomischer Rationalität:

Kerngedanke dieser Lehre ist die Anwendung der Wirtschaftswissenschaften auf rechtliche Sachverhalte zu dem Zweck, letztere einer wirtschaftlich sinnvollen Lösung zuzuführen[496]. Das Modell der ökonomischen Analyse des Rechts knüpft als Ausgangspunkt der Überlegungen an das Gedankenkonstrukt des „vollständigen Vertrages" an. Ein vollständiger Vertrag liege vor, wenn die Vertragsparteien sich vor Vertragsabschluss über die Zuordnung *aller* Risken, die mit der Durchführung des Vertrages verbunden seien, geeinigt hätten. Dabei wird davon ausgegangen, dass die Vertragsparteien bei der Aushandlung eines vollständigen Vertrages Risiken nicht beliebig verteilt hätten. Vielmehr hätten die Parteien bei rationalem Verhalten den gemeinsamen Nutzen aus dem Vertrag dadurch vergrößert, dass jeweils derjenige ein spezifisches Risiko übernommen hätte, der es mit geringstem Aufwand hätte „vermeiden, versichern oder auf sonstige Weise bewältigen" können[497]. Das Modell des vollständigen Vertrages geht damit von einer *Risikoverteilung entsprechend der Risikomanagementkompetenz* der Parteien aus.

Verträge, die dieser Risikoverteilung ungewollt nicht entsprächen, seien nach Maßgabe ökonomischer Rationalität, also nach Maßgabe der Kriterien eines vollständigen Vertrages – Risikoverteilung nach den Gesichtspunkten der Vermeidbarkeit, Versicherbarkeit und sonstiger Bewältigungsmöglichkeit –, anzupassen.

Diese Risikoverteilung wird damit für nachträglich auftretende, vertraglich nicht bedachte Risiken als maßgeblich erachtet – etwa für das Systemrisiko.

Zunächst ist hiernach der „cheapest cost avoider" zu ermitteln. Das ist diejenige Vertragspartei, die den Eintritt des Risikos mit den geringsten Kosten hätte vermeiden können. Sind die Risikovermeidungskosten niedriger als der Erwartungswert des Schadens – und wäre deshalb die Risikovermeidung wirtschaft-

495 Ähnlich wie hier: *Kapellmann/Schiffers*, Vergütung, Bd. 2, 2000, Rn. 1535.

496 *Taupitz*, AcP 196 (1996), 116.

497 *Schäfer/Ott*, Lehrbuch ökonomische Analyse, 2000, S. 373.

lich sinnvoll gewesen –, so hat der cheapest cost avoider das eingetretene Risiko zu tragen. Gibt es keinen cheapest cost avoider – und war das eingetretene Risiko damit unvermeidbar –, so ist auf zweiter Stufe nach dem „cheapest insurer" zu fragen. Das ist diejenige Partei, die den unvermeidbaren Risikoeintritt mit den geringsten Kosten hätte versichern können. Gibt es einen cheapest insurer, so hat dieser das Risiko zu tragen. Gibt es keinen cheapest insurer – etwa weil sich für das eingetretene Risiko kein Versicherungsmarkt gebildet hat –, so ist auf der dritten Stufe der „superior risk bearer" zu ermitteln. Damit wird diejenige Partei bezeichnet, die den entstandenen Schaden besser tragen kann. Dies richtet sich zum einen danach, welche Partei geringere Informationskosten zur Ermittlung der Wahrscheinlichkeit des Eintritts des Schadens und der Höhe des Schadens gehabt hätte, und so etwa eine entsprechende Vertragspreisanpassung hätte vornehmen können. Zum anderen ist die Möglichkeit der Risikostreuung im eigenen Unternehmen maßgeblich (etwa Bildung von Finanzpolstern durch das „Gesetzt der großen Zahl"). Gibt es schließlich auch keinen superior risk bearer, bleibt die Risikozuordnung aus der Sicht der ökonomischen Analyse des Rechts unbestimmt[498].

Auf die vorliegende Thematik übertragen ergibt sich folgendes Bild:

Systembedingt schädigende Bodenereignisse sind weder für den Auftragnehmer noch für den Auftraggeber zu verhindern. Für diese Schadensfälle gibt es daher keinen „cheapest cost avoider".

Weiter sind die Schadensfälle – als den eigenen Leistungsbereich des Auftragnehmers betreffend – regelmäßig als „Mangel" i. S. des Versicherungsrechtes weder für den Auftragnehmer noch für den Auftraggeber[499] versicherbar. Deshalb gibt es zwischen den Bauvertragsparteien zumeist auch keinen „cheapest insurer". Sofern Versicherungsschutz im Einzelfall zu erlangen war, gilt Folgendes: Regelmäßig wird der Auftragnehmer – anders als der Auftraggeber – derartige Bauleistungen vielfach erbringen, so dass er die Möglichkeit günstiger Versicherungskonditionen aufgrund einer Vielzahl von Einzelverträgen oder gar die Möglichkeit des Abschlusses eines Jahresversicherungsvertrages mit entsprechenden Prämiennachlassen (vgl. ABU Zusatzbedingung 62, § 6 Nr. 1 lit. b), Nr. 6) hat. Der Auftragnehmer wird dann vielfach der „cheapest insurer" sein. Dann

498 *Brockmeyer*, Geschäftsgrundlage, 1993, S. 81-88. *Schäfer/Ott*, Lehrbuch ökonomische Analyse, 2000, S. 378 f., 384. Vgl. zu dieser Thematik auch *Finsinger/Simon*, Recht und Risiko, 1988, S. 114 ff.

499 Der Auftraggeber kann sowohl das Auftraggeberrisiko – insbesondere dasjenige nach § 7 VOB/B – wie auch das Auftragnehmerrisiko versichern: vgl. Beck-Kommentar: *Rüßmann*, Teil B, 1997, Anh. § 7 Rn. 15. Jedoch sieht auch hier – entsprechend den Versicherungsbedingungen für Auftragnehmer – § 2 Nr. 3 lit. a ABN vor, dass Entschädigung nicht geleistet wird für „Mängel" der versicherten Leistung.

entspricht seine Risikotragung den Kriterien der ökonomischen Rationalität. Entsprechendes gilt auch für die hergebrachte Betrachtungsweise des § 313 BGB. Auch hier wirkt sich die vorhandene Versicherungsmöglichkeit bei der Beurteilung der Zumutbarkeit zu Lasten des Auftragnehmers aus[500]. Insoweit wird es also zu keinen Beurteilungsdifferenzen zwischen der ökonomischen Analyse des Rechts und der hergebrachten Betrachtungsweise des § 313 BGB kommen.

Die Frage schließlich nach dem „superior risk bearer" ist nicht einheitlich zu beantworten. Es mag etwa im einem Fall der von der Leistungserschwernis betroffene Auftragnehmer als kleines mittelständisches Unternehmen einem großen und marktstarken Generalunternehmer oder Investor als Auftraggeber gegenüberstehen, der besser Vorsorge für derartige Schadensfälle durch Bildung von Finanzpolstern treffen kann. Auf der anderen Seite kann das wirtschaftliche Schwergewicht auch beim Auftragnehmer liegen oder dieser kann etwa als Fachfirma des Spezialtiefbaus gegenüber dem Auftraggeber zur Erkundung der Wahrscheinlichkeit des Eintritts und der Höhe derartiger Schäden überlegen sein. Schließlich kann es auch so sein, dass sich nach der konkreten Vertragskonstellation ein „superior risk bearer" überhaupt nicht ermitteln lässt.

Eine bestimmte und vollständige Zuweisung von Systemrisiken in Richtung Auftraggeber oder Auftragnehmer wird es somit anhand der Kriterien der ökonomischen Analyse des Rechts häufig – soweit insbesondere kein superior risk bearer zu ermitteln ist – nicht geben. Im Übrigen – auch wenn es einen superior risk bearer gibt – ist auch eine Verteilung des Schadens auf beide Vertragsparteien generell mit der ökonomischen Analyse des Rechts zu vereinbaren[501]. Auch die geringe Risikostreuung – Teilung des Risikos anstatt volle Überbürdung auf eine Partei – bewirkt gleich einer Versicherung für beide Parteien einen höheren Erwartungsnutzen und damit insgesamt einen Wohlfahrtsgewinn[502]. Deshalb entspricht es auch diesen Kriterien, nicht ausschließlich eine Vertragspartei mit den entstehenden Kosten zu belasten, sondern den Schaden angemessen zu verteilen.

(3) Neuverhandlungspflichten?

Im Rahmen der Rechtsfolge des § 313 BGB bleibt schließlich zu klären, ob die anspruchstellende Partei Verhandlungen mit ihrer Vertragspartei in Ansehung des anzupassenden Vertrages verlangen kann.

---

500 Siehe dazu 5. Kapitel A II. Ziff. 3 lit. d (3).

501 Vgl. *Brockmeyer*, Geschäftsgrundlage, 1993, S. 96.

502 *Brockmeyer*, Geschäftsgrundlage, 1993, S. 96.

In diesem Zusammenhang hat der Gesetzgeber in der Gesetzesbegründung zu § 313 BGB aufgenommen, die Parteien *„sollen* (...) zunächst selbst über die Anpassung verhandeln“[503]. In der Literatur wird kontrovers diskutiert, ob die Parteien auch über die Anpassung verhandeln *müssen*. Konkret ist streitig, ob im Falle des Wegfalls der Geschäftsgrundlage sanktionierbare Neuverhandlungspflichten oder zumindest Neuverhandlungsobliegenheiten der Parteien bestehen, die im Fall der Nichterfüllung zu Rechtsnachteilen führen.

Das überwiegende Schrifttum zu § 313 BGB lehnt Neuverhandlungspflichten oder entsprechende Obliegenheiten ab[504].

Dem ist zuzustimmen. Dies ergibt sich zunächst aus dem Wortlaut der Norm. Der Wortlaut des § 313 BGB gewährt einen Anspruch auf Anpassung. Dass der anspruchstellende Teil darüber hinaus auch eine Neuverhandlung verlangen kann oder entsprechende Obliegenheiten der Parteien bestehen, ist dem Wortlaut nicht zu entnehmen. Darauf weisen auch Befürworter von Neuverhandlungspflichten hin[505].

Auch eine historische Auslegung kann ein anderes Ergebnis nicht rechtfertigen. Es ist bereits unklar, ob Neuverhandlungspflichten dem Willen des Gesetzgebers entsprachen. Dieser hat in der Gesetzesbegründung lediglich ausgeführt, dass die Parteien „verhandeln sollen“ und nicht „verhandeln müssen“. Ein eindeutiger Wille des Gesetzgebers hin zu Verhandlungspflichten kann der Gesetzesbegründung daher nicht entnommen werden. Darauf kommt es für die Auslegung des § 313 BGB letztlich aber auch nicht an. Soweit der vermeintliche Wille des Gesetzgebers sich dem Wortlaut der Norm nicht entnehmen lässt und andere Auslegungsmöglichkeiten keine hierauf schließenden Deutungsmöglichkeiten zulassen, scheidet eine Berücksichtigung des gesetzgeberischen Willens aus. Insbesondere hat dies für Normvorstellungen des Gesetzgebers zu gelten, die sich lediglich aus der Gesetzesbegründung ergeben[506].

Eine andere Auslegungsmöglichkeit zur Deutung der Norm hin zu Neuverhandlungspflichten ergibt sich vorliegend auch nicht aus einer systematischen

---

503 BT-Drs. 14/6040, S. 176 [Hervorhebung d. d. Verfasser].

504 Henssler/v. Westphalen: *Muthers*, Schuldrechtsreform, 2003, § 313 Rn. 26; Dauner-Lieb/Heidel/Lepa/Ring: *Arnold*, Schuldrecht, 2002, § 3 Rn. 57; *Teichmann*, BB 2001, 1491; Anwaltkommentar: *Krebs*, 2002, § 313 Rn. 54; MünchKomm: *Roth*, BGB, Bd. 2a, 2003, § 313 Rn. 93; *Mattheus*, in: Schwab, Schuldrecht, 2002, S. 122; *Ehmann/Sutschet*, Schuldrecht, 2002, § 6 IV, S. 174 (Fn. 116); *Dauner-Lieb/Dötsch*, NJW 2003, 925; wohl auch *Schmidt-Räntsch*, Schuldrecht, 2002, Rn. 632. A. A. Palandt: *Grüneberg*, BGB, 2006, § 313 Rn. 41; *Eidenmüller*, Jura 2001, 832; unklar bei *Boldt*, Bauvertrag, 2002, Rn. 399; *Westermann*, Schuldrecht, 2002, S. 102.

505 *Teichmann*, Jura, 2001, 831.

506 Henssler/v. Westphalen: *Muthers*, Schuldrechtsreform, 2003, § 313 Rn 26 m.w.N.

Auslegung. Der Gesetzgeber verweist zur Begründung der nunmehr normierten Anspruchslösung[507] auf die Grundsätze, die für die Wandelung bzw. Minderung beim Kaufvertrag nach altem Recht gegolten haben[508]. Damit ist § 462 BGB in der Fassung vor dem Schuldrechtsmodernisierungsgesetz angesprochen. Diese Norm entsprach inhaltlich in dem vorliegend relevanten Teil § 313 BGB („*kann... verlangen*"). Der Anspruch auf Minderung hat aber auch nach altem Recht keinen Anspruch auf Verhandlungen – über die Höhe der Minderung – gewährt[509].

Auch wenn Neuverhandlungspflichten der Parteien rechtspolitisch durchaus sinnvoll erscheinen, kann sich die Gesetzesanwendung nicht darüber hinwegsetzten, dass derartige Pflichten oder Obliegenheiten de lege lata in § 313 BGB nicht verankert sind.

f. Ergebnis zu § 313 BGB

Bei der Verwirklichung von Systemrisiken in Form eines schädigenden Zusammenwirkens des Baugrundes mit der Bautechnik kann sich der Auftragnehmer grundsätzlich auf den Wegfall der Geschäftsgrundlage nach § 313 BGB berufen. Das Festhalten am unveränderten Vertrag ist ihm nur in tendenziell geringem Umfang zumutbar.

B. Gesetzliche Haftung gegenüber Dritten: Schäden in der Umgebung des Bauvorhabens

Im vorstehenden Abschnitt (A.) wurden systembedingte Leistungserschwernisse bzw. Mängel im eigenen Leistungsbereich des Auftragnehmers dargestellt.

Daneben können durch die Verwirklichung von Systemrisiken auch Schäden in der Umgebung des Bauvorhabens (Nachbargebäude) auftreten. Erinnert werden soll in diesem Zusammenhang an den eingangs dieser Arbeit dargestellten

---

507 Der Gesetzgeber hat einen *Anspruch* auf Anpassung des Vertrages festgeschrieben: BT-Drs. 14/6040, S. 176; Bamberger/Roth: *Grüneberg*, BGB, 2003, § 313 Rn. 85. Dies stellt einen Unterschied zum bisherigen Recht dar, wo die Anpassung kraft Gesetzes eintrat: Palandt *Grüneberg*, BGB, 2006, § 313 Rn. 41. Die Störung der Geschäftsgrundlage wird damit von einem von Amts wegen zu berücksichtigenden Umstand zu einer bloßen Einrede: Dauner-Lieb/Heidel/Lepa/Ring-*Arnold*, Schuldrecht, 2002, § 3 Rn. 56. Vgl. zu den damit neu aufgeworfenen Fragen Henssler/v. Westphalen: *Muthers*, Schuldrechtsreform, 2003, § 313 Rn. 27 ff.

508 BT-Drs. 14/6040, S. 176.

509 Vgl. nur Henssler/v. Westphalen: *Muthers*, Schuldrechtsreform, 2003, § 313 Rn. 26.

Beispielsfall 2[510]. Gerade Setzungsrisse an Nachbargebäuden zählen zu häufig auftretenden Schadensfällen bei der Durchführung von Baugrundarbeiten[511].

Dann stellt sich die Frage – mangels entsprechender Nachbarschaftsvereinbarungen der Beteiligten –, ob der geschädigte Dritte seinen Schaden beim Auftragnehmer oder beim Auftraggeber liquidieren kann.

I. Ansprüche des geschädigten Nachbarn gegen den Auftragnehmer?

Als mögliche Anspruchsgrundlagen des geschädigten Nachbarn gegen den Auftragnehmer kommen solche des Deliktsrechtes des Bürgerlichen Rechts (§§ 823 ff. BGB) in Betracht. Wird durch die Baugrundarbeiten das Eigentum des Nachbarn beschädigt, ist konkret an Ansprüche nach § 823 Abs. 1 BGB oder § 823 Abs. 2 BGB i. V. mit § 909 BGB zu denken. § 909 BGB stellt ein Schutzgesetz im Sinne des § 823 Abs. 2 BGB dar[512]. Nach § 909 BGB darf ein Grundstück nicht in der Weise vertieft werden, dass der Boden des Nachbargrundstücks die erforderliche Stütze verliert. Eine Vertiefung im Sinne des § 909 BGB ist jede Einwirkung auf das Grundstück, die zur Folge hat, dass der Boden des Nachbargrundstücks in der Senkrechten den Halt verliert oder dass die Festigkeit der unteren Bodenschichten in ihrem waagrechten Verlauf beeinträchtigt wird[513]. Vorliegend ist insbesondere an Setzungen der Bodenschichten des Nachbargrundstücks zu denken.

All diese Anspruchsgrundlagen haben jedoch zur Vorraussetzung, dass ein schuldhaftes Handeln des Auftragnehmers i. S. des § 276 BGB vorliegt. Dem Auftragnehmer muss damit ein Verschuldensvorwurf im Hinblick auf den Eintritt des Schadens gemacht werden können.

Daran fehlt es indes bei der hier zu untersuchenden Thematik. Diese Konstellation ist gerade dadurch charakterisiert, dass der Auftragnehmer die Bauarbeiten technisch fehlerfrei ausführt und ein den anerkannten Regeln der Technik entsprechendes Bauverfahren einsetzt – was auch die Berücksichtigung der umliegenden Gebäude einschließt[514]. Deshalb kann dem Auftragnehmer nicht

510 Siehe unter 1. Kapitel A.

511 Vgl. dazu *Rizkalla/Harder/Jebe/Vogel*, Schadensstatistik, 1991, S. 180 (Abbildung 3); *Englert/Grauvogl/Maurer*, Handbuch, 2004, Rn. 1030. Siehe weiter *Maurer*, BauR 1992, 437.

512 Bamberger/Roth: *Fritzsche*, BGB, 2003, § 909 Rn. 15.

513 BGH, BauR 1987, 712, 714.

514 Vgl. § 91 Abs. 1 HOAI, wonach auch die Auswirkungen des Bauwerks auf seine „Umgebung" planerisch zu berücksichtigen sind.

vorgehalten werden, er habe die im Verkehr erforderliche Sorgfalt im Sinne des § 276 Abs. 2 BGB außer Acht gelassen. Eintretende Schäden sind letztlich nicht zu verhindern.

Die Tatsache alleine, dass überhaupt gebaut wird, kann nicht als Verschulden i. S. des § 276 BGB qualifiziert werden mit der Konsequenz der Anwendbarkeit der §§ 823 ff. BGB[515]. Dies würde dazu führen, dass die Bautätigkeit der Sache nach mit einer Gefährdungshaftung belegt würde. Die Tatbestände der Gefährdungshaftung[516] sind jedoch abschließend geregelt und einer Ausdehnung auf andere Tatbestände nicht zugänglich[517].

Damit scheiden Ansprüche des geschädigten Nachbarn gegen den Auftragnehmer mangels Verschulden aus.

II. Ansprüche des geschädigten Nachbarn gegen den Auftraggeber

Eine Haftung des Auftraggebers gegenüber dem geschädigten Nachbarn gem. §§ 823 ff. BGB scheidet ebenfalls aus. Auch hier fehlt es an einem Verschulden des Auftraggebers.

Der Auftraggeber, der Benutzer des Baugrundstücks ist, haftet gegenüber dem Nachbarn jedoch nach § 906 Abs. 2 Satz 2 BGB analog, auch ohne Verschulden (sog. verschuldensunabhängiger nachbarrechtlicher Ausgleichsanspruch). Entsprechend § 906 Abs. 2 Satz 2 BGB muss ein Benutzer eines Grundstücks für Schäden seines Nachbarn aufkommen, die aus ihm zurechenbaren, nach § 1004 BGB unzulässigen Einwirkungen auf dessen Grundstück entstehen, falls der betroffene Nachbar nicht in der Lage war, diesen Einwirkungen zu begegnen[518]. Als Benutzer eines Grundstücks wird derjenige angesehen, der die Nutzungsart des beeinträchtigenden Grundstücks bestimmt[519].

Diese Voraussetzungen liegen beim Systemrisiko regelmäßig vor. Ein von einem Bauvorhaben betroffener Nachbar ist in der Regel bereits in tatsächlicher[520] Hinsicht nicht in der Lage, systembedingten Schädigungen zuvorzu-

---

515 So wohl auch *Englert/Grauvogl/Maurer*, Handbuch, 2004, Rn. 1031.

516 Etwa §§ 829, 833 Satz 1 BGB; § 7 StVG, §§ 1, 2 UmwHG.

517 Vgl. Palandt: *Sprau*, BGB, 2006, Einf v § 823 Rn. 6 mit Rn. 2.

518 BGHZ 72, 289, 291 f.; BGH, NJW 1984, 2207; BGH, NJW 2001, 1865; OLG Koblenz, BauR 2004, 107; *Deneke*, Das nachbarschaftliche Gemeinschaftsverhältnis, 1987, S. 167-173.

519 BGH, VersR 1991, 591, 593; Erman *Lorenz*, BGB, 2004, § 906 Rn. 39.

520 Vgl. zur Unmöglichkeit der Schadensabwehr in rechtlicher Hinsicht: BGHZ 68, 350, 354; BGH, NJW 1987, 2808.

kommen. Beim Beginn der Bauarbeiten lässt sich nicht absehen, ob es tatsächlich zu Schädigungen des Nachbargebäudes kommen wird. Potentielle Schädigungen sind also für den Nachbarn nicht erkennbar[521]. Treten dann während oder nach der Bauausführung Schädigungen auf, ist es für den Nachbarn zu spät, präventiv dagegen vorzugehen, etwa in Form der Geltendmachung eines Unterlassungsanspruchs nach § 1004 BGB.

Deshalb bestehen für den Nachbarn regelmäßig Ansprüche nach § 906 Abs. 2 Satz 2 BGB analog. Im Ergebnis führt die Analogie zu § 906 Abs. 2 Satz 2 BGB zu einem „lückenlosen Grundstücksschutz" für den Nachbarn[522].

Der Auftraggeber kann Nachbarschäden grundsätzlich im Rahmen einer Bauherren-Haftpflichtversicherung versichern[523]. Der Versicherungsschutz der Bauherren-Haftpflichtversicherung erstreckt sich auch auf Entschädigungsansprüche nach § 906 Abs. 2 Satz 2 BGB analog[524]. Wirtschaftlich verbleiben die Schäden damit zumeist nicht beim Auftraggeber.

Auch der Auftragnehmer kann Nachbarschädigungen grundsätzlich durch die Versicherung seiner gesetzlichen Haftpflicht (Betriebshaftpflichtversicherung) versichern[525].

Nach § 10 Nr. 6 VOB/B kann eine Bauvertragspartei, die von einem Dritten für einen Schaden in Anspruch genommen wird, den nach den Nummern 2, 3 und 4 des § 10 VOB/B die andere Vertragspartei im Innerverhältnis der Vertragsparteien zu tragen hat, von der anderen Vertragspartei Freistellung von der Verbindlichkeit gegenüber dem Dritten verlangen. Nach § 10 Nr. 2 Abs. 2 VOB/B hat der Auftragnehmer einen Drittschaden im Innenverhältnis der Bauvertragsparteien alleine zu tragen, soweit er den Schaden durch Versicherung seiner gesetzlichen Haftpflicht gedeckt hat oder durch eine übliche Versicherung hätte decken können. Deshalb stellt sich die Frage, ob der Auftraggeber gegen den Auftragnehmer einen Freistellungsanspruch nach § 10 Nr. 6 VOB/B im Hinblick auf seine Verbindlichkeit gegenüber dem Nachbarn (§ 906 Abs. 2 Satz 2 BGB) hat.

Ein Freistellungsanspruch des Auftraggebers besteht jedoch nicht. Ein solcher setzt im Außenverhältnis eine eigenständige Haftung des Auftragnehmers gegen-

---

521 Vgl. BGHZ 111, 158, 163.

522 *Enders*, Altlasten und Abfälle, 1998, S. 253.

523 Vgl. *Littbarski*, AHB Kommentar, 2001, § 1 Rn. 34 f. Zu Versicherungsausschlüssen: *Littbarski*, AHB Kommentar, 2001, § 4 Rn. 1 ff.

524 BGH, BauR 2000, 304.

525 Vgl. *Schmalzl*, BauR 1984, 456.

über dem Dritten voraus[526] – neben der Haftung des Auftraggebers gegenüber dem Dritten. An einer eigenständigen Haftung des Auftragnehmers gegenüber dem Nachbarn fehlt es jedoch mangels eines Verschuldensvorwurfes an den Auftragnehmer, wie bereits dargelegt wurde.

Im Ergebnis verbleiben Nachbarschäden daher beim Auftraggeber – sofern dieser Benutzer des Baugrundstücks ist –, der diese Schäden aber versichern kann.

---

526 Statt aller Ingenstau/Korbion: *Wirth*, VOB, 2004, VOB/B § 10 Nr. 2 Rn. 67.

6. Kapitel: Zusammenfassung und Ergebnis

Mit dem Begriff „Systemrisiko“ kann die folgende, in tatsächlicher Hinsicht bestehende Gefahrenlage umschrieben werden:

Der Arbeitserfolg des Auftragnehmers wird trotz Anwendung einer geeigneten (Tief-) Bautechnik und trotz fehlerfreier Bauausführung durch unvorhersehbare und technisch nicht beherrschbare Faktoren des vom Auftraggeber zur Verfügung gestellten Baugrundes – oder eines ähnlich komplexen Stoffes – beeinträchtigt. Dabei kann die Beeinträchtigung einseitig auf den vom Auftraggeber zur Verfügung gestellten Baugrund oder aber auf Wechselwirkungen des Baugrundes mit der Bautechnik zurückgehen. Entsprechendes gilt für Schäden in der Umgebung des Bauvorhabens.

Der Begriff Systemrisiko ist in tatsächlicher Hinsicht dienlich. Er verdeutlicht, dass für einen Auftragnehmer, der Arbeiten im Baugrundbereich ausführt, ein erhöhtes Risiko besteht. Konkret besteht hier die Gefahr, dass Erschwernisse, Mängel oder Schäden zwangsläufig als Folge der bloßen Bautätigkeit auftreten können, ohne dass der Auftragnehmer Derartiges sicher prognostizieren und damit kalkulieren oder mit technischen Mitteln verhindern kann.

Einer Rechtsfigur des Systemrisikos – wie neuerlich von der Rechtsprechung entwickelt – bedarf es zur rechtlichen Einordnung der damit angesprochenen Fragestellungen nicht. Die juristischen Problemstellungen lassen sich im Verhältnis der Bauvertragsparteien befriedigend auf der Grundlage der Regelungen der VOB/B sowie der gesetzlichen Vorschriften lösen. Entsprechendes gilt im Verhältnis zu Dritten, wo die gesetzlichen Haftungsvorschriften zur Verfügung stehen.

Verwirklicht sich das Systemrisiko, so ist maßgeblich, ob die Probleme alleine auf den vom Auftraggeber bereitgestellten Baugrund oder zusätzlich auf bautechnische Ursachen zurückzuführen sind. Diese Frage ist regelmäßig durch einen Sachverständigen zu klären.

Sind Erschwernisse oder Mängel ausschließlich auf den vom Auftraggeber zur Verfügung gestellten Baugrund zurückzuführen, so erhält der Auftragnehmer für die erbrachte, dann aber vor der Abnahme beschädigte oder zerstörte Leistung Vergütung nach § 645 BGB. Für die Wiederherstellung der Leistung oder die Ausführung von sonstigen Erschwernisleistungen stehen ihm Mehrvergütungsansprüche nach § 645 BGB i. V. mit § 2 Nr. 6 VOB/B (VOB-Vertrag) bzw. nach § 645 BGB i. V. mit § 632 BGB (BGB-Vertrag) zu.

Für nach der Abnahme auftretende systembedingte Mängel ist der Auftragnehmer in diesem Fall gemäß § 13 Nr. 3 VOB/B (VOB-Vertrag) bzw. nach § 242 BGB (BGB-Vertrag) von der Gewährleistung frei.

Ist die schädigende Ursache auf ein Zusammenwirken der Bautechnik mit dem vom Auftraggeber zur Verfügung gestellten Baugrund zurückzuführen, so ist dieses Risiko – mangels individualvertraglicher Vereinbarungen – vom Auftaggeber weder nach den Regelungen der VOB noch nach den spezialgesetzlichen Vorschriften des bürgerlich-rechtlichen Werkvertrages (§§ 631 ff. BGB) zu tragen.

Lag die Planung des Bauvorhabens beim Auftraggeber und hat dieser dem Auftragnehmer das bei der Planung als zur technischen Bewältigung des Baugrundes ermittelte Baugrundverfahren angegeben, so kann sich der Auftragnehmer bei der Verwirklichung des Systemrisikos grundsätzlich auf den Wegfall der Geschäftsgrundlage nach § 313 BGB berufen.

Die gebotene rechtliche Bewertung des Baugrundrisikos zeigt, dass der Auftragnehmer nicht das bei Arbeiten mit dem Baugrund immer vorhandene sog. Unvorhersehbarkeitsrisiko trägt. Insoweit ist die Thematik des Baugrundrisikos mit derjenigen des Systemrisikos vergleichbar, da auch bei letzterer baugrundbedingte Unvorhersehbarkeitsrisiken (bodenmechanische Reaktionen) bestehen. Diese rechtliche Risikobewertung schlägt auch auf den Tatbestand des Wegfalls der Geschäftsgrundlage nach § 313 BGB durch. Im Ergebnis führt dies dazu, dass dem Auftragnehmer ein Festhalten am unveränderten, nicht angepassten Vertrag nur bedingt zumutbar ist. Konkret sind an die Opfergrenze tendenziell geringe Anforderungen zu stellen. Sind diese Anforderungen erfüllt, findet eine Anpassung des Vertrages statt, was im Ergebnis einer angemessenen Verteilung der Mehrkosten unter den Bauvertragsparteien gleichkommt.

Kommt es durch die Verwirklichung des Systemrisikos zu Schäden in der Umgebung des Bauvorhabens (Nachbarschäden), so haftet der Auftraggeber, der Benutzer des Baugrundes ist, gegenüber dem geschädigten Dritten verschuldensunabhängig entsprechend § 906 Abs. 2 Satz 2 BGB.

Gesetzliche Ausgleichsansprüche des Dritten gegen den Auftragnehmer sowie Freistellungsansprüche des Auftraggebers gegen den Auftragnehmer im Hinblick auf seine Verbindlichkeiten gegenüber Dritten bestehen nicht.

Literaturverzeichnis

Acker, Wendelin und Garcia-Scholz: Die Ansprüche des Auftragnehmers bei Beschädigung der Werkleistung vor Abnahme, in: BauR 2003, S. 1457–1464.

Ax, Thomas und von Amsberg, Patrick und Schneider, Matthias: (Bau)Leistungen VOB-gerecht beschreiben, 1. Auflage, Wiesbaden 2003.

Bamberger, Georg und Roth, Herbert (Hrsg.): Kommentar zum Bürgerlichen Gesetzbuch, München 2004.

Baur, Jürgen F.: Vertragliche Anpassungsregelungen, Dargestellt am Beispiel langfristiger Energielieferungsverträge, Heidelberg 1983.

Boldt, Antje: Der neue Bauvertrag, Köln-Berlin-Bonn-München 2002.

Brockmeyer, Germar: Das Rechtsinstitut der Geschäftsgrundlage aus der Sicht der ökonomischen Analyse des Rechts, Dissertation, Frankfurt a. M. 1993.

Brox, Hans: Allgemeiner Teil des BGB, 28. Auflage, Köln-Bonn-München 2005.

Bydlinski, Franz: Juristische Methodenlehre und Rechtsbegriff, 2. Auflage, Wien 1991.

von Craushaar, Götz: Die Rechtsprechung zu Problemen des Baugrundes, in: Festschrift für Horst Locher zum 65. Geburtstag, hrsg. von Peter Löffelmann und Hermann Korbion, Düsseldorf 1990, S. 9-22.

Cuypers, Manfred: Das neue Bauvertragsrecht, 2. Auflage, München 2002.

Dähne, Horst: Auftragnehmeransprüche bei lückenhafter Leistungsbeschreibung, in: BauR 1999, S. 289–304.

Dauner-Lieb, Barbara und Dötsch, Wolfgang: Prozessuale Fragen rund um § 313 BGB, in: NJW 2003, S. 921–927.

Dauner-Lieb, Barbara und Heidel, Thomas und Lepa, Manfred und Ring, Gerhard (Hrsg.): Das neue Schuldrecht in der anwaltlichen Praxis, Bonn 2002.

dies.: Anwatkommentar Schuldrecht, Bonn 2002.

Deneke, Dorothea: Das nachbarliche Gemeinschaftsverhältnis, Dissertation, Köln 1987.

Donus, Wolfgang: Der Fertighausvertrag, 1. Auflage, Düsseldorf 1988.

Dörner, Heinrich und Ebert, Ina und Eckert, Jörn und Hoeren, Thomas und Kemper, Rainer und Saenger, Ingo und Schulte-Nölke, Hans und Schulze, Reiner und Staudinger, Ansgar: BGB Bürgerliches Gesetzbuch, Handkommentar, 4. Auflage, Baden-Baden 2005.

Duffek, Hans: Zu § 7 Nr. 1 (a. F.) bzw. § 7 (n. F.) VOB/B; Handlungen des Bauherrn als „unabwendbarer, vom Auftragnehmer nicht zu vertretender Umstand"?, in: BauR 1975, S. 22–25.

Ehmann, Horst und Sutschet, Holger: Modernisiertes Schuldrecht, München 2002.

Eidenmüller, Horst: Der Spinnerei-Fall: Die Lehre von der Geschäftsgrundlage nach der Rechtsprechung des Reichsgerichts und im Lichte der Schuldrechtsmodernisierung, in: Jura 2001, S. 824–832.

Enders, Rainald: Die zivilrechtliche Verantwortlichkeit für Altlasten und Abfälle, in: Umwelt- und Technikrecht, hrsg. von Peter Marburger, Michael Reinhardt und Meinhard Schröder, Dissertation, Berlin 1999.

Englert, Klaus: Spezialfragen des Baugrund- und Tiefbaurechts: Baugrundrisiko – Systemrisiko – Ausschreibungsrisiko, in: Mitteilungen des Institutes und der Versuchsanstalt für Geotechnik der Technischen Universität Darmstadt 1996, Heft Nr. 25, S. 209 ff.

ders.: Das „Baugrundrisiko" – ein normierungsbedürftiger Rechtsbegriff?, in: BauR 1991, S. 537–542.

ders.: „Systemrisiko" – terra incognita des Baurechts? Zur Abgrenzung von Erfolgs-, Baugrund- und Systemrisiko, in: BauR 1996, S. 763–773.

sersatz bei Leis-
, Jörg und Leh-
.

sseldorf 1986.

, Das Rechtsge-

hagen, Matthias:
essrecht, 2. Auf-

n Baurecht, Dis-

cher VOB-Kom-

uleistungen, in:

t, in: Festschrift
r Pastor, Düssel-

enmechanischer
02, S. 21–29.

fer, Carsten und

Kosten infolge

, in: BB 1975,

ihrung von Tiefbauarbeiten, in: Dem Bau-
z von Craushaar zum 65. Geburtstag, hrsg.
ldorf 1997, S. 203–218.

nd Tiefbaurechts, in: Wirth (Hrsg.), Darm-
es Baurecht, 2. Auflage, München 2005,

ing großer Baugruben, in: NZBau 2000,

und „Hilfsbauwerk“: Abgrenzung und
233–240.

Rechtsfragen zum Baugrund, 2. Auflage,

nd Maurer, Michael: Handbuch des Bau-
ge, München-Unterschleißheim 2004.

r: Systemrisiko im Tiefbau, in: BrBp 2004,

isiko im Tiefbau, dargestellt anhand der
m 15.10.2003 zu Mängeln einer Deponie,
l der Versuchsanstalt für Geotechnik der
2004, Heft Nr. 68, S. 223–232.

nd Motzke, Gerd (Hrsg.): Beck'scher VOB-
für Bauleistungen Teil C, München 2003.

nn, Harm Peter (Hrsg.): Handkommentar
, 11. Auflage, Münster Köln 2003.

ich privates Baurecht, Heidelberg 2003.

grundlage als Frage des Vertragsrisikos,

Finsinger, Jörg und Simon, Jürgen: Vertragsbruch und Schade
tungserschwernis, in: Recht und Risiko, hrsg. von Finsing
mann, Michael und Picot, Arnold, München 1988, S. 114–15

Fischer, Rudolf: Die Regeln der Technik im Bauvertragsrecht, D

Flume, Werner: Allgemeiner Teil des bürgerlichen Rechts, Bd.
schäft, 4. Auflage, Berlin Heidelberg 1992.

Franke, Horst und Kemper, Rolf und Zanner, Christian und Grür
VOB-Kommentar, Bauvergaberecht/Bauvertragsrecht/Baupro
lage, München 2005.

Ganten, Hans: Pflichtverletzung und Schadensrisiko im privat
sertation, Bielefeld 1974.

ders.: Das Systemrisiko im Baurecht, in: BauR 2000, S. 643–65

Ganten, Hans und Jagenburg, Walter und Motzke, Gerd: Beck
mentar, Teil B, 1. Auflage, München 1997.

Grauvogl, Josef: „Systemrisiko" und Pauschalvertrag bei Tiefb
NZBau 2002, S. 591–597.

Gross, Heinrich: Vorteilsausgleichung im Gewährleistungsrec
für Hermann Korbion zum 60. Geburtstag, hrsg. von Walt
dorf 1986, S. 123–136.

Gudehus, Gerd: Geotechnisches Risikomanagement aus bo
Sicht, in: Tagungsband 12. Donau-Europäische Konferenz, 2

Haas, Lothar und Medicus, Dieter und Rolland, Walter und Sch
Wendtland, Holger: Das neue Schuldrecht, München 2002.

Haerendel, Dorothee: Sowieso-Kosten und weitere zusätzlich
Fehlplanung, Dissertation, Düsseldorf 1998.

Heiermann, Wolfgang: Der Pauschalvertrag im Bauwese
S. 991–995.

Heiermann, Wolfgang und Riedl, Richard und Rusam, Martin: Handkommentar zur VOB, 10. Auflage, Wiesbaden 2003.

Henssler, Martin und Graf von Westphalen, Friedrich (Hrsg.): Praxis der Schuldrechtsreform, 2. Auflage, Recklinghausen 2003.

Heuchemer, Claus: Das Baugrundrisiko in der internationalen Vertragspraxis, in: BB 1991, Beilage 20, S. 12-16.

Hirte, Heribert: Berufshaftung, Habilitations-Schrift, München 1996.

Horn, Norbert: Vertragsbedingungen unter veränderten Umständen, in: NJW 1985, S. 1118-1125.

Jacob, Dieter und Ring, Gerhard und Wolf, Rainer (Hrsg.): Freiberger Handbuch zum Baurecht, 2. Auflage, Bonn 2003.

Jagenburg, Walter: Die Entwicklung des privaten Bauvertragsrechts im Jahre 1981, in: NJW 1982, S. 2412-2421.

Jauernig, Othmar (Hrsg.): Bürgerliches Gesetzbuch, Kommentar, 11. Auflage, München 2004.

Kaiser, Gisbert: Das Mängelhaftungsrecht der Verdingungsordnung für Bauleistungen, Teil B, 4. Auflage, Heidelberg 1983.

ders.: Der Begriff des „Fehlers“ und der „zugesicherten Eigenschaft“ im gesetzlichen Werkvertragsrecht, in: BauR 1983, S. 19–28.

ders.: Die Gefahrtragung im Bauvertrag, in: Festschrift für Hermann Korbion zum 60. Geburtstag, hrsg. von Walter Pastor, Düsseldorf 1986, S. 197–206.

Kapellmann, Klaus: Bausoll, Erschwernisse und Vergütungsnachträge beim Spezialtiefbau, in: 40 Jahre Spezialtiefbau, 1953–1993, Technische und rechtliche Entwicklungen, Festschrift für Karlheinz Bauer zum 65. Geburtstag, hrsg. von Klaus Englert und Manfred Stocker, Düsseldorf 1993, S. 385–395.

ders.: Baugrundrisiko und „Systemrisiko" – Baugrundsystematik, Bausoll, Beschaffenheitssoll, Bauverfahrenssoll, in: Jahrbuch Baurecht, hrsg. von Kapellmann, Klaus und Vygen, Klaus, Düsseldorf 1999, S. 1–45.

Kapellmann, Klaus und Messerschmidt, Burkhard (Hrsg.): Beck'sche Kurz-Kommentare, VOB Teile A und B, Vergabe- und Vertragsordnung für Bauleistungen, München 2003.

Kapellmann, Klaus und Schiffers, Karl-Heinz: Vergütung, Nachträge und Behinderungsfolgen beim Bauvertrag, Bd. 1: Einheitspreisvertrag, 4. Auflage, Düsseldorf 2000; Bd. 2: Pauschalvertrag einschließlich Schlüsselfertigbau, 3. Auflage, Düsseldorf 2000.

Katzenbach, Rolf: Baugrundrisiko – Wer ist in welchen Fällen verantwortlich?, in: Mitteilungen des Institutes und der Versuchsanstalt für Geotechnik der Technischen Universität Darmstadt 1995, Heft 34, S. 147 ff.

ders.: Tiefbautechnik und Tiefbaurecht – faszinierende interdisziplinäre Interaktionen, in: Centrum für Deutsches und Internationales Baugrund- und Tiefbaurecht e.V. (Hrsg.), Jahresband 2002, Schrobenhausen 2002, S. 50–60.

Katzenbach, Rolf und Fehsenfeld, Anke: Technologien des Tiefbaus, in: Wirth (Hrsg.), Darmstädter Baurechtshandbuch, Privates Baurecht, 2. Auflage, München 2005, S. 759–844.

Kissel, Otto Rudolf: Grenzen der rechtsprechenden Gewalt, in: NJW 1982, S. 1777–1785.

Kleine-Möller, Nils und Merl, Heinrich und Oelmaier, Winfried: Handbuch des privaten Baurechts, 3. Auflage, München 2005.

Kniffka, Rolf: Das Baugrundrisiko in der Rechtsprechung des Bundesgerichtshofs, in: Centrum für Deutsches und Internationales Baugrund- und Tiefbaurecht e.V. (Hrsg.), Jahresband 2002, Schrobenhausen 2002, S. 21–29.

ders.: Die neuere Rechtsprechung des Bundesgerichtshofes zur Abrechnung nach Kündigung des Bauvertrags, in: Jahrbuch Baurecht, hrsg. von Kapellmann, Klaus und Vygen, Klaus, Düsseldorf 2001, S. 1–21.

Kniffka, Rolf und Koeble, Wolfgang: Kompendium des Baurechts, 2. Auflage, München 2004.

Koeble, Wolfgang: Rechtshandbuch Immobilien, Loseblatt, München.

Kohler, Jürgen: Werkmangel und Bestellerverantwortung, in: NJW 1993, S. 417–424.

ders.: Anmerkung zu BGH, Urteil v. 16.10.1997 – VII ZR 64/96, in: JZ 1998, S. 413–414.

Köhler, Helmut: Vertragsrecht und „Property Rights"-Theorie, in: ZHR 144 (1980), S. 589–609.

Koller, Ingo: Die Risikozurechnung bei Vertragsstörungen in Austauschverträgen, Habilitations-Schrift, München 1979.

Korbion, Hermann und Hochstein, Reiner und Keldungs, Karl-Heinz: VOB-Vertrag, Handbuch zum System der VOB-Vertragsbedingungen, 8. Auflage, Düsseldorf 2002.

Kronke, Herbert: Konkretisierung der Risikozurechnungskriterien im Leistungsstörungsrecht – BGHZ 83, 197, in: JuS 1984, S. 758–762.

Kuffer, Johann: Anmerkungen zu Baugrundrisiko und Systemrisiko, in: Centrum für Deutsches und Internationales Baugrund- und Tiefbaurecht e.V. (Hrsg.), Jahresband 2004/2005, Schrobenhausen 2004, S. 56–67.

Kuß, Horst: Verdingungsordnung für Bauleistungen (VOB), Teile A und B, 4. Auflage, München 2003.

Lange, Ingo: Baugrundhaftung und Baugrundrisiko, Dissertation, Düsseldorf 1997.

Larenz, Karl: Lehrbuch des Schuldrechts, Allgemeiner Teil, Erster Band, München 1987.

Leinemann, Ralf (Hrsg.): VOB/B Kommentar, 2. Auflage, Köln Berlin Bonn-München, 2005.

Littbarski, Sigurd: AHB Kommentar, Allgemeine Versicherungsbedingungen für die Haftpflichtversicherung, München 2001.

Lörcher, Gino: Die Anpassung langfristiger Verträge an veränderte Umstände, in: DB 1996, S. 1269–1273.

Marbach, Michael: Nachtragsforderungen bei mangelnder Leistungsbeschreibung der Baugrundverhältnisse im VOB-Vertrag und bei der Verwirklichung des „Baugrundrisikos“, in: BauR 1994, S. 168–179.

Maurer, Michael: Beschädigung von Versorgungsleitungen bei Tiefbauarbeiten, Rechtsprechung und Haftungsquoten, in: BauR 1992, S. 437–451.

Medicus, Dieter: Bürgerliches Recht, 20. Auflage, Köln Berlin Bonn München 2004.

Meissner, Kurt: Baugrundrisiko und Haftung aus der Sicht des Juristen, in: Hilmer, Klaus, Schäden im Gründungsbereich, Berlin 1991, S. 353–358.

Motzke, Gerd: Geteilte Baugrundverantwortung: Die Erfolgshaftung im Geschiebe der Planer, Gutachter und Unternehmer, in: Centrum für Deutsches und Internationales Baugrund- und Tiefbaurecht e.V. (Hrsg.), Jahresband 2003, Schrobenhausen 2003, S. 17–47.

Motzke, Gerd und Pietzcker, Jost und Prieß, Hans-Joachim: Beck'scher VOB-Kommentar, Teil A, 1. Auflage, München 2001.

Münchener Kommentar zum Bürgerlichen Gesetzbuch: Bd. 1, 4. Auflage, München 2001; Bd. 2a, 4. Auflage, München 2003; Bd. 4, 3. Auflage, München 1997 und 4. Auflage, München 2005.

Nicklisch, Fritz: Vertragsstrukturen und Risikozuordnungen beim Tunnel- und Stollenbau, in: BB 1991, Beilage 20, S. 6–9.

ders.: Risikoverteilung im Werkvertragsrecht bei Anweisungen des Bestellers, in: Festschrift für Friedrich Wilhelm Bosch zum 65. Geburtstag, hrsg. von Habscheid, Walther J. und Gaul, Hans Friedrich und Mikat, Paul, Bielefeld 1976, S. 731–749.

Nicklisch, Fritz und Weick, Günter: VOB Teil B, 3. Auflage, München 2001.

Nußbaumer, Manfred und Nübel, Konrad: Sorgen und Risiken der deutschen Bauwirtschaft, in: Centrum für Deutsches und Internationales Baugrund- und Tiefbaurecht e.V. (Hrsg.), Jahresband 2003, Schrobenhausen 2003, S. 87–95.

Oberhauser, Iris: Bauvertragsrecht im Umbruch, Vorschläge zu einer Neukonzeption, Dissertation, Düsseldorf 2000.

Oepen, Ralf-Peter und Paulsen, Enno: Baukostenindex, Kostenentwicklung und allgemeine Entwicklung des Baumarktes in Deutschland, in: Jahrbuch Baurecht, hrsg. von Kapellmann, Klaus und Vygen, Klaus, Düsseldorf 2004, S. 397–415.

Oertmann, Paul: Die Geschäftsgrundlage, Ein neuer Rechtsbegriff, Leipzig, Erlangen 1921.

Opitz, Gerhard: Selbstkostenermittlung von Bauarbeiten, Teil 1, Anleitung für den Aufbau der Preisermittlung, 4. Auflage, Düsseldorf 1956.

Palandt, Otto (Begr.): Bürgerliches Gesetzbuch, 64. Auflage, München 2005 und 65. Auflage, München 2006.

Pauly, Holger: Das Baugrundrisiko im zivilen Baurecht, in: MDR 1998, S. 1453–1457.

ders.: Preisänderung beim baurechtlichen Pauschalpreisvertrag, in: MDR 1999, S. 1104–1108.

Peter, Norbert: Lexikon der Bautechnik, Heidelberg 2001.

Peters, Wolfgang P.J.: Die Wirksamkeit vertraglicher Regelungen zum Baugrundrisiko, in: BauR 1998, S. 215–219.

Peters, Frank: Der Einwand des Mitverschuldens gegenüber Erfüllungsgehilfen, in: JZ 1995, S. 754–758.

Platen, Dietrich: Handbuch der Versicherung von Bauleistungen, 3. Auflage, Karlsruhe 1995.

Prader, Duri: Technische Risiken beim Tunnel- und Stollenbau, in: BB 1991, Beilage 20, S. 2–6.

Prange, Herbert und Leimböck, Egon und Klaus, Rüdiger: Baukalkulation unter Berücksichtigung der KLR Bau und der VOB, 9. Auflage, Wiesbaden – Berlin 1995.

Prieß, Hans-Joachim: Die Leistungsbeschreibung – Kernstück des Vergabeverfahrens, in: NZBau 2004, S. 87–92.

Putzier, Dieter: Der unvermutete Mehraufwand für die Herstellung des Bauwerks, 1. Auflage, Düsseldorf 1997.

ders.: Die zusätzliche Vergütung bei der Bewältigung abweichender Bodenverhältnisse im Erdbau, in: BauR 1989, S. 132–140.

Quack, Friedrich: Über die Verpflichtung des Auftraggebers zur Formulierung der Leistungsbeschreibung nach den Vorgaben von § 9 VOB/A, in: BauR 1998, S. 381–384.

ders.: Das ungewöhnliche Wagnis im Bauvertrag, in: BauR 2003, S. 26–29.

ders.: Baugrundrisiken in der Rechtsprechung des Bundesgerichtshofes, in: BB 1991, Beilage 20, S. 9–12.

Rehm, Bernd: Bauwesenversicherung, Kommentar zu den ABU, 2. Auflage, Wiesbaden-Berlin 1989.

RGRK: Das Bürgerliche Gesetzbuch, Kommentar, hrsg. von Mitgliedern des Bundesgerichtshofes, Bd. II Teil 4, 12. Auflage, Berlin New York 1978.

Rizkalla, Victor und Harder, Harry und Jebe, Peter und Vogel, Jürgen: Schadensstatistik bei Baugruben und Gräben, in: Hilmer, Klaus, Schäden im Gründungsbereich, Berlin 1991, S. 177–192.

Roquette, Andreas J. und Paul, Matthias: Pauschal ist Pauschal! Kein Anspruch auf zusätzliche Vergütung bei bewußter Übernahme von Vollständigkeitsrisiken, in: BauR 2004, S. 736–745.

Schäfer, Hans: Die rechtliche Bedeutung der Bodenverhältnisse bei der Ausführung von Bauten, Berlin Düsseldorf 1927.

Schäfer, Hans-Bernd und Ott, Claus: Lehrbuch der ökonomischen Analyse des Zivilrechts, 3. Auflage, Berlin Heidelberg 2000.

Schelle, Hans: Das Baugrundrisiko im VOB-Vertrag, in: Hoch- und Tiefbau, 1/85 S. 32 ff.

Schimmel, Roland und Buhlmann, Dirk (Hrsg.): Frankfurter Handbuch zum neuen Schuldrecht, Neuwied 2002.

Schmalzl, Max: Die Haftpflichtversicherung des Bauunternehmers, in: BauR 1984, S. 456–465.

Schmidt-Räntsch, Jürgen: Schuldrecht, Köln 2002.

Schmidt-Rimpler, Walter: Grundfragen einer Erneuerung des Vertragsrechts, in: AcP 147 (1941), S. 130–197.

Schottke, Ralf: Das Baugrundrisiko bei dem VOB-Vertrag, in: BauR 1993, S. 407–411.

Schubert, Eberhard und Reister, Dirk: Ist in der Baukalkulation der gesonderte Ausweis des Wagnisses in Abgrenzung zum Gewinn angemessen?, in: Jahrbuch Baurecht, hrsg. von Kapellmann, Klaus und Vygen, Klaus, Düsseldorf 1999, S. 253–266.

Schubert, Erberhard: Die Erfaßbarkeit des Risikos der Bauunternehmung bei Angebot und Abwicklung einer Baumaßnahme, Düsseldorf 1971.

Schwab, Martin (Hrsg.): Einführung in das neue Schuldrecht, München 2002.

Sendler, Horst: Zur Unabhängigkeit des Verwaltungsrichters, in: NJW 1993, S. 1449–1458.

Siegburg, Peter: Handbuch der Gewährleistung beim Bauvertrag, 4. Auflage, Köln 2000.

ders.: Baumängel aufgrund fehlerhafter Vorgaben des Bauherrn, in: Festschrift für Hermann Korbion zum 60. Geburtstag, hrsg. von Walter Pastor, Düsseldorf 1986, S. 411–426.

Soergel, Hans Theodor (Begr.): Bürgerliches Gesetzbuch mit Einführungsgesetz und Nebengesetzen, neu hrsg. von Siebert, Wolfgang und Baur, Jürgen und Abraham, Hans-Jürgen, Bd. 4/1, 12. Auflage, Stuttgart-Berlin-Köln 1997.

Staudinger, Julius von (Begr.): Kommentar zum Bürgerlichen Gesetzbuch mit Einführungsgesetz und Nebengesetzen, hrsg. von Beitzke, Günther: Bd. II (§§ 631–651), Neubearbeitung, Berlin 2003.

Taupitz, Jochen: Ökonomische Analyse und Haftungsrecht – eine Zwischenbilanz, in: AcP 196 (1996), S. 114–167.

Teichmann, Arndt: Strukturveränderungen im Recht der Leistungsstörungen nach dem Regierungsentwurf eines Schuldrechtsmodernisierungsgesetzes, in: BB 2001, S. 1485–1492.

Terbille, Michael (Hrsg.):Münchener Anwalts Handbuch Versicherungsrecht, München 2004.

Thode, Reinhold: Änderungen beim Pauschalvertrag und ihre Auswirkungen auf den Pauschalpreis, Probleme in der gerichtlichen Praxis, in: Seminar Pauschalvertrag und schlüsselfertiges Bauen, Wiesbaden-Berlin 1971.

Thürmann, Dagmar: Der Sachschadensbegriff in der Bauleistungsversicherung, Karlsruhe 1988.

Ulmer, Peter: Wirtschaftslenkung und Vertragserfüllung, in: AcP 174 (1977), S. 167–201.

Vogel, Achim und Vogel, Thomas: Wird § 2 Nr. 7 Abs. 1 Satz 2-3 VOB/B dogmatisch richtig verstanden? – Einige Anmerkungen zur Anpassung der Pauschalvergütung –, in: BauR 1997, S. 556–563.

Vygen, Klaus: Nachträge bei lückenhaften und/oder unklaren Leistungsbeschreibungen des Auftraggebers, in: Festschrift für Carl Soergel zum 70. Geburtstag, hrsg. von Axel Maser, Stamsried 1993, S. 277–289.